Earthquake
Administrative Law Enforcement Guide

地震
行政执法指南

石玉成◎主编

中国法制出版社
CHINA LEGAL PUBLISHING HOUSE

编委会名单

前　言

党的十九大报告指出，要“推进依法行政，严格规范公正文明执法”。近年来，随着中国特色社会主义法治建设的不断深入，人民群众的法治意识、权利意识日益增强，舆论监督、社会监督力度进一步加大，对地震行政执法活动提出了新的更高要求。地震行政执法工作要坚持以人民为中心思想，进一步转变执法理念、改进执法方式、规范执法行为、提高执法质量、维护社会公平正义。为进一步帮助地震行政执法人员全面系统了解和掌握地震行政执法业务知识，不断提高执法水平，中国地震局公共服务司（法规司）委托甘肃省地震局牵头编写了《地震行政执法指南》，从编写理念、思路、框架和篇章设定给予了具体指导，并提供了大量的基础资料。本书共设十三章和十二个附录，主要介绍了地震行政执法基本知识、证据收集、执法文书制作和样式，以及地震行政执法依据、执法主体、执法内容、执法程序、执法监督、执法法律责任等，有较强的实用价值，希望对各个层次地震行政执法人员开展执法实践有所裨益。在本书编写工作中，得到有关领导、专家、部分省市县地震局和一线行政执法人员的大力支持和帮助，在此一并感谢。由于水平有限，不足之处在所难免，敬请批评指正。

本书编委会

前言

目录

Contents

第一章　地震行政执法概述

一、地震行政执法概念及特征

（一）地震行政执法概念

地震行政执法，是指国家地震工作主管部门和县级以上地方人民政府负责管理地震工作的部门或者机构（以下统称地震行政执法机关），以及受委托进行地震行政执法的机构或者组织，依据地震法律、法规和规章的规定，按法定职权和程序，对公民、法人或其他组织采取直接影响其权利义务，或对其权利义务行使和履行情况直接进行监督检查，以实现地震行政管理职能的具体行政行为。

（二）地震行政执法特征

地震行政执法机关依照法定的职权和程序行使职责，地震行政执法是地震行政法治的重要内容，决定着地震管理工作的质量，它是地震行政复议、地震行政诉讼等行政案件的前提。与一般行政执法活动相比，地震行政执法有如下特征：

1. 地震行政执法的主体特定。地震行政执法是各级地震行政执法机关在法定职权范围内实施的专业管理活动，其他国家机关、社会团体、组织和个人，未经授权不得从事地震行政执法活动。

2. 地震行政执法是一种外部具体行政行为。地震行政执法是地震行政执法机关针对与其没有行政隶属关系的一般公民、法人或其他组织的特定行为和待定事项，实施的具体管理活动。地震行政执法机关针对其内部组织和工作人员的管理活动不属于地震行政执法。

3. 地震行政执法是地震行政执法机关执行国家地震行政管理法律、法规和规章的行为。地震行政执法并不是地震行政执法机关执行所有的国家法律、法规和规章的行为，而是在其法定职权内，执行那些涉及地震行政管理活动的法律、法规和规章的行为。

4. 地震行政执法的内容丰富，形式多样。地震行政执法的内容不仅包括对公民、法人或其他组织直接采取影响权利的措施，也包括对公民、法人或其他组织权利义务的行使和履行情况进行监督检查的活动。地震行政执法机关的地震行政执法的形式主要包括地震行政检查、地震行政许可、地震行政处罚、地震行政确认、地震行政奖励，以及法律、法规和规章规定的其他地震行政执法行为。

5. 地震行政执法具有法定性、经常性、双重性。地震行政执法机关在从事地震行政执法活动时，其执法权限不得超出法定范围，且应当按照法定的时间、方式、手段、程序行使权力。地震行政执法作为地震行政管理的基本手段，要求持续、不间断地发挥作用和效能，所以地震行政执法机关的行政执法，必须严格遵循法律原则和合理原则，按原则办事。

二、地震行政执法总体要求

《中共中央关于全面推进依法治国若干重大问题的决定》站在完善和发展中国特色社会主义制度、推进国家治理体系和治理能力现代化的战略高度，就全面推进依法治国、建设社会主义法治国家作出了全面部署，提出了坚持严格规范、公正文明的具体执法要求。地震行政执法是社会主义法治建设的重要组成部分，所以地震行政执法机关也要把严格规范、公正文明执法的总要求落实到地震行政执法实践的各个方面。

（一）行政执法过程必须坚持严格依法办事、依法管理，保证有法必依、执法必严、违法必究，坚持法无授权不可为，法定职责必须为，做到以事实为依据，以法律为准绳。

（二）行政执法过程必须做到实体与程序并重，规范执法流程，重点围绕地震行政许可、地震行政处罚、地震行政检查等执法行为，对具体执法环节和相关程序作出具体规定，不断严格程序，规范行为。

（三）行政执法过程必须坚持法律面前人人平等，实体公正与程序公正并重，杜绝执法不公、随意执法等不当执法行为，不断提升地震行政执法公信力。

（四）行政执法过程必须努力提高文明执法的职业素养，严格遵守地震法律、法规的规定和要求，做到举止文明、以理服人，严禁暴力执法。

三、地震行政执法主体

地震行政执法主体是指在地震行政管理过程中，依法行使地震行政执法职权的各级地震行政执法机关。主要从以下层面进行理解。

（一）地震行政执法主体必须有地震法律、法规的明确授权

根据我国现行的地震法律、法规规定，国家、省、市、县（区）人民政府地震工作部门或机构（以下简称地震行政执法机关），依法行使地震监督管理权，依法履行地震行政许可、地震行政处罚、地震行政检查职权。

（二）“三定”方案经法定机关和程序批准

国家地震行政执法机关的“三定”方案，包括职能依据、机构性质、主要职责、内设机构、人员编制和管理体制方案，由国务院机构编制管理机构提出，报国务院批准；省、自治区、直辖市地震行政执法机关的“三定”方案，由省、自治区、直辖市人民政府提出方案，经国务院行政机构编制管理机构审核，报国务院批准；市、县（区）地震行政执法机关的“三定”方案，由本级人民政府提出方案，经上级人民政府机构编制管理机构审核，报上级人民政府批准。

在我国，各级地震行政执法机关是地震行政执法的主体，履行下列职责：

1. 宣传、普及、贯彻、执行地震法律、法规和规章；

2. 制定地震行政执法的制度并组织实施；

3. 向立法机关提出完善相关法律、法规的意见和建议；

4. 组织地震行政执法的培训和考核；

5. 监督下级地震行政执法机关的行政执法工作；

6. 法律、法规和规章赋予的其他职责。

地震行政执法机关根据需要在其权限内可以委托有关组织或者机构进行地震行政执法。未设立地震工作机构的市、县的地震行政执法工作，由其上一级地震行政执法机关负责，或者委托有关组织或者机构负责。委托机关负责监督受委托的组织或者机构实施的地震行政执法行为，并对行为后果负责；受委托组织在委托范围内，以委托机关名义进行地震行政执法活动。

（三）地震行政执法主体动态调整并经法定机关确认

国家、省、自治区、省辖市、县（区）地震行政执法机关严格按照司法部门要求，每 3—5 年进行 1 次地震行政执法主体申报，并经同级人民政府确认，取得地震行政执法主体资格，依法独立行使地震行政执法职权。

四、地震行政执法人员

（一）地震行政执法人员执法资格。地震行政执法人员是指地震行政执法机关直接从事行政许可、行政处罚、行政检查、行政确认等行政执法活动的在编在岗人员，行政执法人员实行持证上岗和资格管理制度。

地震行政执法人员应当具备地震行政执法资格，依法履行地震行政执法职责。地震行政执法人员应按照规定参加专业法律知识、公共法律知识和职业素养等培训，经培训考试合格，由同级人民政府统一制作颁发地震行政执法证书。地震行政执法证书一般每 3—5 年核发 1 次；地震行政执法人员培训、考试等所需费用，由本级财政予以保障；取得行政执法证件后，方可从事地震行政执法工作；地震行政执法证件有效期一般为 3—5 年。

（二）地震行政执法人员义务。地震行政执法人员必须遵守宪法、法律、法规和规章；执法中正确适用地震法律、法规和规章，执法行为规范；勤奋努力，敬业爱岗，服从命令，不得随意散布行政执法内容；公正廉洁，克己奉公；着装得体、仪容整洁、举止文明、语言规范、行为端庄。

（三）地震行政执法人员用语规范。地震行政执法人员在执法过程中，应牢记执法为民、文明执法的理念，树立热情服务、服务发展的意识，做到态度和蔼、语言文明、耐心细致、服务周到。

五、地震行政执法依据

（一）宪法。宪法是国家的根本大法，在一国法律体系中具有最高的法律地位和法律效力，宪法关于国家机构及其权力的设置是地震工作管理部门实施地震行政执法的最高法律渊源。

（二）法律。全国人民代表大会及其常务委员会制定颁布的适用于全国范围内防震减灾及其管理工作的相关法律。我国现行的规范地震行政执法行为的法律主要有：《防震减灾法》《突发事件应对法》《环境影响评价法》《计量法》《标准化法》《行政强制法》《行政许可法》《行政处罚法》《行政复议法》等。

（三）行政法规。行政法规是由国务院制定发布的规范地震行政执法的法律规范。我国的地震行政法规主要有：《政府信息公开条例》《地震安全性评价管理条例》《地震预报管理条例》《核电厂核事故应急管理条例》《地震监测管理条例》《破坏性地震应急条例》《军队参加抢险救灾条例》《行政复议法实施条例》等。

（四）地方性法规。省、自治区、直辖市人民代表大会及其常务委员会制定发布的用于规范地方地震行政规定的地方性地震法规。各地根据地方地震管理的需要制定的地震地方性法规主要包括各省、自治区、直辖市的《防震减灾条例》《建设工程抗震设防条例》《实施〈中华人民共和国防震减灾法〉规定》等约50部。

（五）部门规章。国家地震行政执法机关（中国地震局）及有关部门制定发布的地震部门规章。国家地震行政执法机关制定的地震部门规章主要有：《水库地震监测管理办法》《建设工程抗震设防要求管理规定》《地震行政规章制定程序规定》《地震行政法制监督规定》《地震行政复议规定》《地震行政执法规定》《震后地震趋势判定公告规定》等。

（六）地方政府规章。地方政府规章是省、自治区、直辖市人民政府和设区的市、自治州人民政府根据法律法规规定，发布的地方行政管理方面的法律规范。目前全国各省、市制定的地震地方政府规章如《重庆市地震安全性评价管理规定》《山东省防震减灾知识普及办法》《山东省地震应急避难场所管理办法》《四川省建设工程抗御地震灾害管理办法》《天津市地震群测群防管理办法》等50余部。

六、地震行政执法基本原则

地震行政执法必须遵循合法、公开、公正、及时的原则。

（一）合法原则。地震行政执法机关在行政执法过程中，必须严格按照地震法律、法规和规章的规定从事行政管理活动，按照法定权限和程序严格执法，采取的措施要有法律依据，不得与法律相抵触。

（二）公开原则。地震行政执法机关从事地震行政管理，执行法律、法规和规章时，要事先公布行政执法的依据，即地震行政管理法律、法规和规章，未经公布的，不得作为行政执法的依据；同时，地震执法程序也应当公开；地震行政执法决定内容，包括结论、事实依据，裁决理由都应当向当事人公开。

（三）公正原则。地震行政执法机关实施地震行政管理时，不仅要严格遵守地震法律、法规和规章规定的职权和程序，而且在行使行政自由裁量权时，也要做到客观、适度、公正，不得感情用事，显失公正；要立足全局利益，尽可能照顾当地风俗民情，处理好合法与合理的关系，还要严格遵守党和国家的相关政策。

（四）及时原则。地震行政执法机关要及时制止各种违法行为，对公民、法人或其他组织的请求及时作出反应，联合执法要相互配合、大胆执法，正确使用自由裁量权，适时使用现代化执法手段，降低执法成本，提高执法效率。

七、地震行政执法程序

地震行政执法程序是指规范地震行政执法机关在行政执法，实施地震法律、法规和规章时，应当遵循的方法、步骤和过程，它是地震行政执法运行机制的动态规则。

地震行政执法程序约束地震行政执法机关的执法行为，要求地震行政执法机关在作出具体行政行为时，必须符合地震法律、法规、规章规定的执法程序，否则视为执法行为无效。地震行政执法程序是针对地震执法管理程序的法律规定，适用地震管理执法过程，与地震行政执法无关的其他行为不受约束。地震行政执法程序是法定程序的，任何组织和个人不得非法破坏和任意变更。

（一）地震行政执法的一般程序

地震行政执法包括地震行政许可、地震行政处罚、地震行政检查、地震行政复议行为，除法律有特别规定外，执法程序一般包括受理、调查取证、告知理由、作出决定、执行程序等环节。

1. 受理。地震行政执法可以由地震行政执法机关依职权主动实施，也可以由地震行政执法机关根据公民、法人或其他组织的申请或举报实施。地震行政执法机关接到公民、法人或其他组织的举报申请后，应当对公民、法人或者其他组织提出的申请，依法进行审核。对不符合法定条件的申请应当给予驳回；对属于自己管辖、符合受理条件的事项或案件，应当及时受理，决定立案；对于不属于自己管辖的事项或案件，应当告知申请人向有管辖权的行政机关申请，或依法将案件移送至有管辖权的机关或组织。确定立案办理的案件，应当填写立案审批表，由地震行政执法机关负责人批准立案，确定立案日期和两名以上地震行政执法人员为案件承办人。

2. 调查取证。地震行政执法机关作出的行政执法决定要事实清楚、证据确凿，应当以事实为根据，以法律为准绳。对于立案办理的案件，地震行政执法机关应当全面调查取证，查明违法事实，做到先取证后决定。地震行政执法人员进行地震行政检查、处罚等执法活动，应当出示表明其身份的执法证件，依法全面、客观、及时开展调查取证。

3. 告知理由。地震行政执法工作人员在作出行政处理决定前，应当向作出执法决定的当事人告知行政执法所认定的事实、理由、依据，以及当事人依法享有的权利。

4. 作出决定。地震行政执法机关应当自受理之日起 30 日内，对地震违法行为或申请事项作出决定；重大、复杂的案件，报请主管领导批准后，可延长 30 日。地震行政执法机关的行政执法决定，应当事实清楚，证据确凿，适用法律、法规、规章和规范依据准确，程序合法，裁量适当。

5. 执行。公民、法人或其他组织应当自觉履行地震行政执法机关作出的执法决定，无正当理由拒不履行的，地震行政执法机关可申请人民法院强制执行。

（二）地震行政执法的主要程序制度

1. 回避。当事人认为地震行政执法人员与本案有近亲属关系、利害关系或者有其他关系可能影响公正执法，有权申请执法人员回避。执法人员认为自己与本案有利害关系或者有其他关系，应当申请回避。行政执法人员包括笔录人、翻译人员、鉴定人、勘验人。“近亲属”，包括配偶、父母、子女、兄弟姐妹、祖父母、外祖父母、孙子女、外孙子女和其他具有扶养、赡养关系的亲属。

2. 听证。地震行政执法机关在作出较大数额的罚款、暂扣和吊销许可证等较重处罚决定前，应当告知当事人有要求举行听证的权利；当事人要求组织听证的，地震行政执法机关应当组织听证，地震行政执法机关也可以依法主动举行听证。地震行政执法机关在收到听证申请后，应当组织案件调查人员进行研究，并依法作出是否受理的决定；对依法不予受理的听证申请，应当告知当事人；举行听证的，举行听证的地震行政执法机关应当在举行听证7日前，将听证通知书送达当事人。

3. 送达。地震行政执法机关制作的行政处理决定应当依法及时送达有关当事人。地震行政执法文书一般采取直接送达方式，不能直接送达的，参照《民事诉讼法》的规定，采取留置、邮寄、委托、电子送达等方式送达。

4. 备案。地震行政执法案件及其文书案卷，应当按照统一格式登记保管，并报上级地震行政执法机关备案。

5. 归档。地震行政执法决定执行后，承办人员应当制作结案报告，将有关材料进行整理装订，并由承办人员签名或盖章后，归档保存。

6. 行政补偿。因地震行政执法机关的行政执法行为给公民、法人或其他组织的人身和财产造成损失的，应当依法予以补偿。

八、全面推进地震行政执法“三项制度”

地震行政执法机关要全面推行地震行政执法公示制度、地震行政执法全过程记录制度、地震重大执法决定法制审核制度（简称“三项制度”），提升地震行政执法能力和水平。

（一）推行行政执法公示制度

1. 畅通公示渠道。地震行政执法机关要按照“谁执法，谁公示”的原则，及时通过网站、新媒体、公示栏、服务窗口等平台，向社会公开地震行政执法基本信息、结果信息。

2. 事先信息公开。地震行政执法机关要统筹推进地震行政执法事前公开信息、政府信息公开、权责清单公布、“双随机、一公开”监管工作，及时公开地震行政执法主体、人员、职责权限、执法依据、程序、救济渠道等，公示服务指南、执法流程图和监督举报等。

3. 事中公示。地震行政执法人员进行监督检查、调查取证、送达执法文书时，要主动出示执法证件、表明身份，出具地震行政执法文书，主动告知执法事由、执法依据、权利义务等，政务服务窗口要明示工作人员岗位职责、申请材料范本、办理进度查询、咨询服务、投诉举报等信息。

4. 事后公开。地震行政执法机关要在地震行政执法决定作出之日起20个工作日内，向社会公示地震行政执法主体、执法对象、执法类别、执法结论等信息，在7个工作日内公示地震行政许可、地震行政处罚的执法决定信息。

（二）推行执法全过程记录制度

1. 全过程记录。地震行政执法机关要通过文字、音像等形式，对地震行政执法的启动、调查取证、审核决定、送达执行等全过程进行记录，全面系统归档保存，保证地震行政执法全过程可回溯、可监督。

2. 文字记录。地震行政执法机关要将执法文书作为基本的记录形式，合法规范、客观全面、及时准确、简明扼要地记录执法过程；现场笔录、询问笔录、听证笔录、财物清单等直接涉及行政相对人权利义务的文字记录，应由行政相对人签字，相对人拒绝签字的，地震行政执法人员应当如实记录并注明原因。

3. 规范音像记录。地震行政执法机关要对地震行政执法的类别、阶段、环节，通过照相机、录音机、摄像机、执法记录仪、视频监控等设备记录过程；加强地震行政执法活动的现场执法、调查取证、举行听证、留置送达和公告送达等易发生争议的执法过程的音像记录。

4. 严格记录管理使用。地震行政执法机关对地震行政执法过程原始记录，不得伪造、剪辑、删改；地震行政执法过程原始记录不得主动公示；地震行政执法案卷和执法全过程记录资料应当按照有关档案管理规定进行归档保存。

（三）严格执行重大执法决定法制审核制度

1. 审核机构。依据各级地震行政执法机关“三定”方案的机构设置和职能分工，本单位负责法律事务的部门为重大地震行政执法决定法制审核机构，对地震重大执法决定的合法性、适当性进行审核。

2. 审核范围。地震行政执法机关在实施地震行政许可、行政处罚、行政检查等具体行政行为中，当事人、利害关系人人数较多或者争议较大的；案件情况疑难、复杂的；撤回、撤销行政许可的；对个人处2万元以上的罚款，对法人或其他组织处10万元以上罚款的；经过听证程序作出的行政许可、行政处罚决定等事项，属于地震重大执法决定事项。

3. 审核内容。主要包括地震行政执法主体是否具备资格；执法人员是否具备执法资格；事实是否清楚，证据是否确凿、充分；适用地震法律法规依据是否准确；是否符合法定程序；裁量基准运用是否适当；执法文书是否完备、规范；违法行为是否涉嫌犯罪，是否需要移送司法机关；其他依法应当审核的内容。

4. 审核时限。本单位法制审核机构应当在5个工作日内完成审核；案件复杂的，经主管领导批准同意可以延长5个工作日。法制审核机构对重大地震行政执法决定进行审核时，需填写《重大执法决定法制审核送审表》；审核完成后需填写《重大执法决定法制审核意见单》一式两份，一份连同行政执法案卷材料提交地震行政执法机关，另一份留存归档。

第二章　地震行政执法证据收集与适用

一、地震行政执法证据的概念

地震行政执法证据是指在行政执法中，地震行政执法机关和相对人收集采用的，用以证明案件事实和当事人主张成立，并表现为一定证据形式的事实材料和凭证。

二、地震行政执法证据的形式

（一）书证。书证是记载或表达人们思想或行为，以其内容或含义证明案件事实的文字、符号、图画等材料，主要包含行政决定书、公证书、证明书、许可证、执照、通知书等。

（二）物证。物证是指以物品的外形、质量、特征来证明案件事实的物品和痕迹，如被破坏的地震监测设施、设备等。

（三）视听资料。视听资料是指运用录音、录像、计算机储存等科学技术手段记录下来的与案件相关的事实和材料。

（四）电子数据。电子数据是指基于计算机应用、通信和现代管理技术等电子化技术手段形成的包括文字、图形符号、数字、字母等的客观资料。包括电子邮件、电子数据、聊天记录、博客、微博、手机短信、电子签名、域名等。

（五）证人证言。证人证言是指了解案件有关情况的非本案相对人以口头或书面方式，向案件调查人员所作的与案件有关的事实陈述。证人必须是自然人，包括直接或间接了解案件情况的人，证人既可以陈述目睹的事实，也可转述耳闻的事实。证人有权要求宣读、查阅或修改询问笔录，有权使用本民族语言文字进行陈述。

（六）当事人陈述。当事人陈述是指在地震行政执法中行政处罚的被处罚人、行政许可的申请人、行政强制的被强制人等当事人向案件调查人所作的案件事实陈述，包括承认、反驳和支持叙述等方面的内容。

（七）鉴定意见。鉴定意见是指地震行政执法机关指定具有专门知识的人员运用专业技术，对案件事实中需要解决的专门性问题进行分析、鉴别和判断后所作出的书面意见。

（八）勘验笔录与现场笔录。勘验笔录是指法定的勘验部门对现场或物品进行勘查检验、测量、绘图、拍照，并将情况和结果如实记录下来而制作的笔录。现场笔录是指地震行政执法机关实施具体行政行为时，当场对某些事项所作的能够证明案件事实的记录，现场笔录应当由执行人、当事人、见证人等有关人员签名或盖章。

三、地震行政执法举证责任

（一）提供证据的责任。在依职权的地震行政执法中，地震行政执法机关对将要实施的行政执法行为承担举证责任，应当在法定期限内提供据以作出被诉具体行政行为的全部证据和所依据的规范性文件；在依申请的地震行政执法中，申请人应当对申请事项向地震行政执法机关提供其符合申请条件的相应的证据材料。在地震行政执法中伪造证据、隐匿证据或者毁灭证据的，应当追究其法律责任；当事人对自己提出的主张，有责任提供证据。

（二）对证据材料的证明责任。地震行政执法机关对地震行政执法过程中的证据材料，无论是相对人提供的，还是自己主动收集的，都有义务对其客观性、关联性和合法性进行质证并作最终判断。

四、地震行政执法证据的收集

（一）证据的收集

1. 地震行政执法人员在收集证据时，必须合法、公正、全面、客观；严禁通过暴力或者威胁、引诱、欺骗等非法手段调查、收集证据；以非法手段收集的证据不得作为处罚的依据。

2. 地震行政执法人员在收集证据时，对涉及国家秘密、商业秘密或者个人隐私的，应当予以保密。

（二）证据的收集方式

1. 提供证据。地震行政执法机关有权要求公民、法人和其他组织提供或补充证据；公民、法人和其他组织有义务向地震行政执法机关主动、及时提供证据；涉及专业性问题的证据，应由法定或指定的鉴定部门进行鉴定。

2. 调取证据。地震行政执法机关有权向公民、法人或其他组织调取证据；当事人申请地震行政执法机关调取证据的，应在举证期限内提交证据申请书；当事人及其代理人可以在收到通知书之日起3日内，向受理申请的地震行政执法机关申请复核1次；地震行政执法机关应在收到复核申请之日起5日内作出答复。

3. 调查证据。

（1）对证人的调查。凡是知道案件事实的人，都有作证的义务；但生理上、精神上有缺陷或者年幼、不能辨别是非，不能正确表述意志的人，不能作为证人。对当事人的调查询问，应做询问笔录；询问不满 16 周岁的当事人应通知监护人；询问聋哑当事人应有通晓手语的人在场；对当事人的询问每次不得超过 2 小时。

（2）对现场的检查。地震行政执法机关可以对与违法行为有关的场所进行检查；检查时，地震行政执法人员应出示检查证明文件和行政执法证；对确有必要立即检查的，地震行政执法人员经出示行政执法证，可以当场检查；检查的情况应制作检查笔录，由检查人员、被检查人和见证人签名或者盖章；被检查人拒绝签名或者盖章的，应当在笔录上注明。

4. 地震行政执法机关可要求出示或调阅证明文件，依法调阅当事人与案件有关的账簿（册）和相关材料；也可以向有关单位或个人在出具调查函后提取有关材料。

5. 地震行政执法机关需要其他行政机关进行协助调查时，应当向被请求机关发出行政协助函，被请求协助调查机关除依法、依职权或者有其他正当理由不能提供协助外（应当向请求机关说明不能协助的理由），应当协助。

6. 地震行政执法机关可以书面要求当事人提供有关证据和材料。

7. 地震行政执法机关对检查的物品可以扣押，但要出具清单，由检查人、被检查人和见证人签字；可以依法对当事人的银行账户进行查询，必要时可依法申请法院对账户进行冻结；调查时间一般为 20 日。

（三）提取证据

1. 书证的提取。提取书证应当提取原件，原本、正本和副本均属于书证的原件。提取原件确有困难的，可提取与原件核对无误的复印件、照片、记录本等；提供报表、图纸、会计账册、专业技术资料、科技文献等书证的，应当附有说明材料；地震行政执法机关提供的具体行政行为所依据的询问、陈述、谈话类笔录，应当有行政执法人员、被询问人、陈述人、谈话人签名或者盖章。法律、法规、司法解释和规章对书证的制作形式另有规定的，从其规定。

2. 物证的提取。提取物证应当提取原物，提取原物确有困难的，可提取与原物核对无误的复制件或证明该物证的照片、录像等其他证据。原物为数量较多的种类物的，可提供其中的一部分。

3. 视听资料的提取。提取视听资料应当提取原始载体，提取有关资料的原始载体确有困难的，可提取复制件；注明制作方法、制作时间、制作人和证明对象等；声音资料应附有该声音内容的文字记录。

4. 电子数据的提取。提取电子数据的，应当移送原始存储介质，远程调取境外或异地的电子数据的，应注明相关情况。

5. 证人证言的提取。证人证言应当写明证人的姓名、年龄、性别、职业、住址等基本情况；需要证人的签名，如不能签名，应当以盖章等方式证明；注明出具日期；附有居民身份证复印件等证明证人身份的文件。

6. 鉴定意见的提取。地震行政执法程序中采用的鉴定意见，应当载明委托人和委托鉴定的事项、向鉴定部门提交的相关材料、鉴定的依据和使用的科学技术手段、鉴定部门和鉴定人鉴定资格的说明，并应有鉴定人的签名和鉴定部门的盖章。通过分析获得的鉴定意见，应当说明分析过程。

7. 现场笔录的提取。地震行政执法程序中制作的现场笔录，应当载明时间、地点和事件等内容，并由执法人员和当事人签名。当事人拒绝签名或者不能签名的，应当注明原因。有其他人在现场的，可由其他人签名。法律、法规和规章对现场笔录的制作形式另有规定的，从其规定。

（四）证据保存与保全

1. 证据保存。地震行政执法机关及其工作人员查处违法行为时，必须妥善保存所收集的与违法行为有关的证据。对涉案物品应当如实填写物品清单，并按照国家有关规定予以处理。对易腐、变质等不宜或不易保存的物品，应当采取必要措施，留取证据；对需要检验、鉴定的物品，应当有法定检验、鉴定机构进行检验、鉴定，并出具检验报告或鉴定结论。

2. 证据保全。在地震行政执法过程中，存在证据可能灭失或以后难以取得的情况时，地震行政执法机关应当根据相对人的请求或依职权，采取措施对证据加以确定和保护。证据保全方法可以采取查封、扣押、拍照、录音、录像、复制、鉴定、勘验、制作询问笔录等保全措施。对证人证言的保全，采取制作证人证言笔录或进行录音、录像等方法。对物证的保全，可以采取制作勘验笔录或绘图、拍照、录像，也可以采取保存原物的方法。对书证的保全，采取拍照、复制等方法。人民法院保全证据时，可以要求当事人或者其诉讼代理人到场。

五、地震行政执法证据的适用

（一）质证

质证是由地震行政执法机关在实施行政执法行为中，或召开行政听证会的过程中，对当场出示的证据进行相互对质辨认、质疑和核实的行为。证据应当在执法过程中出示，并经各方当事人公开质证，未经当场质证的证据，不能作为定案依据。涉及国家秘密、商业秘密和个人隐私或者法律规定的其他应当保密的证据，不得在当场公开质证。当事人应当围绕证据的关联性、合法性和真实性，针对证据有无证明效力以及证明效力大小，进行质证。当事人及其代理人可以就证据问题相互发问，也可以向证人、鉴定人或者勘验人发问。当事人及其代理人相互发问，或者向证人、鉴定人、勘验人发问时，发问的内容应当与案件事实有关联，不得采用引诱、威胁、侮辱等语言或者方式。

众所周知的事实；自然规律及定理；按照法律规定推定的事实；已经依法证明的事实；根据日常生活经验法则推定的事实，不需要质证，可直接予以认定，当事人有相反证据足以推翻的除外。

（二）认证

地震行政执法机关处理行政案件，应当以证据证明的案件事实为依据。地震行政执法机关应当对经过质证的证据和无须质证的证据进行逐一审查和对全部证据综合审查，遵循职业道德，运用逻辑推理和生活经验，进行全面、客观和公正的分析判断，确定证据材料与案件事实之间的证明关系，排除不具有关联性的证据材料，准确认定案件事实。

1. 证据的真实性。地震行政执法机关应当根据案件的具体情况，从以下方面审查证据的真实性：

（1）证据形成的原因；

（2）发现证据时的客观环境；

（3）证据是否为原件、原物，复制件、复制品与原件、原物是否相符；

（4）提供证据的人或者证人与当事人是否具有利害关系；

（5）影响证据真实性的其他因素。

2. 证据的合法性。地震行政执法机关应当根据案件的具体情况，从以下方面审查证据的合法性：

（1）证据是否符合法定形式；

（2）证据的取得是否符合法律、法规、司法解释和规章的要求；

（3）是否有影响证据效力的其他违法情形。

3. 不能作为定案依据的证据材料：

（1）严重违反法定程序收集的证据材料；

（2）以偷拍、偷录、窃听等手段获取侵害他人合法权益的证据材料；

（3）以利诱、欺诈、胁迫、暴力等不正当手段获取的证据材料；

（4）当事人无正当事由超出举证期限提供的证据材料；

（5）在中华人民共和国领域以外或者在中华人民共和国香港特别行政区、澳门特别行政区和台湾地区形成的未办理法定证明手续的证据材料；

（6）当事人无正当理由拒不提供原件、原物，又无其他证据印证，且对方当事人不予认可的证据的复制件或者复制品；

（7）被当事人或者他人进行技术处理而无法辨明真伪的证据材料；

（8）不能正确表达意志的证人提供的证言；

（9）不具备合法性和真实性的其他证据材料。

4. 多个证据的证明力认定：

（1）国家机关以及其他职能部门依职权制作的公文文书优于其他书证；

（2）鉴定意见、现场笔录、勘验笔录、档案材料以及经过公证或者登记的书证优于其他书证、视听资料和证人证言；

（3）原件、原物优于复制件、复制品；

（4）法定鉴定部门的鉴定结论优于其他鉴定部门的鉴定意见；

（5）行政机关主持勘验所制作的勘验笔录优于其他部门主持勘验所制作的勘验笔录；

（6）原始证据优于传来证据；

（7）其他证人证言优于与当事人有亲属关系或者其他密切关系的证人提供的对该当事人有利的证言；

（8）当场作证的证人证言优于非当场作证的证人证言；

（9）数个种类不同、内容一致的证据优于一个孤立的证据。

5. 不能单独作为行政执法依据的证据：

（1）未成年人所作的与其年龄和智力状况不相适应的证言；

（2）与一方当事人有亲属关系或者其他密切关系的证人所作的对该当事人有利的证言，或者与一方当事人有不利关系的证人所作的对该当事人不利的证言；

（3）应当当场作证而无正当理由不当场作证的证人证言；

（4）难以识别是否经过修改的视听资料；

（5）无法与原件、原物核对的复制件或者复制品；

（6）经一方当事人或者他人改动，对方当事人不予认可的证据材料；

（7）其他法律法规规定不能单独作为定案依据的证据材料。

六、证据保管

行政程序结束后，地震行政执法机关应将所有证据进行编号、入卷、存档，妥善保管，保存期最短期限不得少于5年。

七、流程图

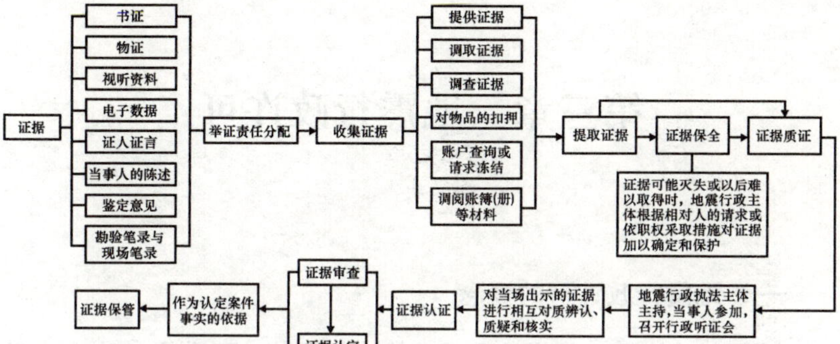

地震行政执法证据收集与适用流程图

第三章 地震行政许可

一、地震行政许可的概念

地震行政许可，是指地震行政执法机关依法对公民、法人或者其他组织提出的申请，通过颁发证明或者批准、登记、认可等方式，允许其行使某项权利，从事某项活动的具体行政行为。

二、地震行政许可的原则

地震行政许可原则是设立和实施地震行政许可应当遵循的基本准则。

（一）法定原则。地震行政执法机关设定和实施地震行政许可，应当依照法定的权限、范围、条件和程序。

（二）公开、公平、公正原则。地震行政执法机关设定和实施地震行政许可，应当遵循公开、公平、公正的原则。

1. 有关地震行政许可的规定应当公布；未经公布的，不得作为实施地震行政许可的依据。地震行政许可的实施和结果，除涉及国家秘密、商业秘密或者个人隐私的外，应当公开。

2. 未经申请人同意，地震行政执法机关及其工作人员、参与专家评审等不得披露申请人提交的商业秘密、未披露信息或者保密商务信息，法律另有规定或者涉及国家安全、重大社会公共利益的除外；地震行政执法机关依法公开申请人前述信息的，允许申请人在合理期限内提出异议。

3. 符合法定条件、标准的，申请人有依法取得地震行政许可的平等权利，行政机关不得歧视。

（三）便民原则。地震行政执法机关实施地震行政许可，应当遵循便民的原则，提高办事效率，提供优质服务。

（四）权利保障原则。公民、法人和其他组织对地震行政执法机关实施的地震行政许可，享有陈述权、申辩权；有权对地震行政执法机关的行政许可依法申请行政复议或提起行政诉讼；其合法权益因地震行政执法机关违法实施地震行政许可受到损害的，有权依法要求国家赔偿。

（五）信赖保护原则。公民、法人或其他组织依法取得的地震行政许可受法律保护，地震行政执法机关不得擅自改变已经生效的地震行政许可。

（六）监督原则。省级以上人民政府应当建立健全对地震行政执法机关实施地震行政许可的监督制度，加强对地震行政执法机关实施地震行政许可的监督检查。地震行政执法机关应当对公民、法人或者其他组织从事地震行政许可事项的活动实施有效监督。

（七）严格责任原则。公民、法人或者其他组织依法取得的地震行政许可，除法律、法规规定依照法定条件和程序可以转让的外，不得转让。

三、地震行政许可的主体

地震行政许可的主体包括申请人和许可机关。

（一）地震行政许可的申请人是受地震行政执法机关行政管理的公民、法人和其他组织；

（二）地震行政许可的实施主体是经法律、法规授权，依法实施地震行政许可事项的国家地震行政执法机关和省、自治区、直辖市地震行政执法机关。

四、地震行政许可的程序

地震行政许可属于依申请的行政行为，国家和省、自治区、直辖市地震行政执法机关依法设定的地震行政许可事项，都应当依法定程序进行申请和审批。地震行政许可的一般程序是：申请、受理、审查、决定。

（一）申请

公民、法人或其他组织从事特定活动，依法需要取得地震行政许可的，应向地震行政执法机关提出申请。地震行政许可应当遵循以下要求：

1. 地震行政执法机关应向申请人提供申请书格式文本；

2. 申请人可以委托代理人提出地震行政许可申请，依法应当由申请人到地震行政执法机关办公场所提出地震行政许可申请的除外；

3. 地震行政许可申请可以通过省级以上人民政府政务服务网，向地震行政执法机关在线提出和办理，也可以在当地政务服务中心地震行政审批服务窗口提出申请，还可以通过邮政速递方式将申办材料向省级以上地震行政执法机关提交申请；

4. 申请人申请地震行政许可，应如实向地震行政执法机关提交有关材料和反映真实情况，并对申请材料内容的真实性负责。

（二）受理

1. 地震行政执法机关认为申请事项依法不需要地震行政许可的，应即时告知申请人不予受理；

2. 地震行政执法机关认为特定地震行政许可申请事项不属于其职权范围的，应即时作出不予受理的决定，并告知申请人向有管辖权的部门申请；

3. 申请材料存在错误，可以当场更正的，地震行政执法机关工作人员应当允许申请人当场更正；

4. 申请材料不齐全或不符合法定要求的，地震行政执法机关工作人员应当当场或在5日内一次告知申请人需要补正的全部内容，逾期不告知的，自收到申请材料之日起即为受理；

5. 申请事项属于地震行政执法机关职权范围，申请材料齐全、符合法定形式，或申请人按照地震行政执法机关的要求提交全部补正申请材料的，应受理地震行政许可申请；

6. 受理或不予受理地震行政许可申请，应出具加盖地震行政执法机关印章和注明日期的书面凭证。

（三）审查

1. 地震行政执法机关应当对申请人提交的申请材料进行审查。申请人提交的申请材料齐全、符合法定形式，地震行政执法机关能够当场作出决定的，应当当场以书面形式作出批准地震行政许可的决定。根据法定条件和程序，需要对申请材料的实质内容进行核实的，应指派2名以上工作人员进行核查。

2. 地震行政执法机关对地震行政许可申请进行审查时，发现行政许可事项直接关系他人重大利益的，应告知该利害关系人。申请人、利害关系人有权进行陈述和申辩。行政机关应当听取申请人、利害关系人的意见。

3. 地震行政执法机关应在20日内，对申请的形式、全部申请材料审查完毕。需要听证的，按照地震行政执法听证程序办理。

（四）决定

1. 除可以当场作出行政许可决定的外，地震行政执法机关应当在12日内按照法定程序作出地震行政许可决定。

2. 申请人的申请符合法定条件、标准的，地震行政执法机关应依法作出准予行政许可的书面决定，即准予地震行政许可的批复文件，并在10日内向申请人邮寄送达该准予地震行政许可的批复文件。地震行政执法机关颁发的许可证应当载明许可的内容、期限、许可证件编号，并加盖颁发机关印章。

3. 地震行政执法机关依法不予行政许可的，应当作出书面决定，并说明理由，告知申请人享有在法定期限内申请行政复议或提起行政诉讼的权利。

五、地震行政许可申请人应知晓的重点信息

依据便民原则，所有的地震行政许可事项均应配备相应的办事指南，由省级以上地震行政执法机关制定，并依托政务服务网、地震信息网、政务大厅服务窗口等进行公示。地震行政许可申请人应知晓的地震行政许可相关信息主要有：

1. 事项名称、事项编码、权力来源、事项类型、权力部门、主办处室、办件类型、办理对象、网上申请、法定时限、承诺时限、许可数量、是否实现数据共享、审批结果类型、设定依据、申请条件、申请材料、办理流程、办事人员、事项指数、事项评价等。

2. 申请人线下办理的政务服务中心窗口或省级以上地震行政执法机关的详细地址，并附路线及地图；在线办理的网址；申请人需乘坐的公交车次、地铁线、站点；办理时间；咨询电话、监督投诉电话；办理流程等。

3. 地震行政执法机关实施地震行政许可和对地震行政许可事项进行监督检查，不收取任何费用，所需经费列入本级财政预算。

六、地震行政许可的变更、撤销、注销

（一）变更

1. 被许可人要求变更地震行政许可的名称、范围、数量、期限事项的，应向作出地震行政许可的地震行政执法机关提出申请。

2. 被许可人的变更要求符合法定条件、标准的，地震行政执法机关应依法办理变更手续。

3. 被许可人的变更要求不符合法定条件、标准的，地震行政执法机关应以书面方式告知申请人不予变更。

（二）撤销

1. 有下列情况之一的，地震行政许可实施机关或其上级机关，根据利害关系人的请求或者依职权可以撤销地震行政许可：

（1）地震行政执法机关工作人员滥用职权、玩忽职守作出准予地震行政许可决定的；

（2）超越法定职权作出准予地震行政许可决定的；

（3）违反法定程序作出准予地震行政许可决定的；

（4）对不具备申请资格或不符合法定条件的申请人作出准予地震行政许可决定的；

（5）依法可以撤销地震行政许可决定的其他情形的。

2. 被许可人以欺骗、贿赂等不正当手段取得地震行政许可的，应当予以撤销。依上述规定撤销地震行政许可，可能对公共利益造成重大损害的，不予撤销。

3. 依可以撤销地震行政许可的情形，撤销地震行政许可，被许可人的合法权益受到损害的，地震行政执法机关应当依法给予赔偿。依应当撤销地震行政许可的情形，撤销地震行政许可的，被许可人基于行政许可取得的利益不受保护。

（三）注销

有下列情形之一的，地震行政执法机关应当依法办理地震行政许可注销手续：

1. 地震行政许可有效期满未延续的；

2. 赋予公民地震行政许可，该公民死亡或者丧失行为能力的；

3. 法人或者其他组织依法终止的；

4. 地震行政许可依法被撤销、撤回，或地震行政许可证件依法被吊销的；

5. 因不可抗力导致地震行政许可事项无法实施的；

6. 地震法律、法规规定的应当注销地震行政许可的其他情形的。

七、地震行政许可的监督检查

地震行政执法机关及其上级机关应加强对地震行政许可的监督检查，保证地震行政许可公平、公正、有效实施。

（一）上级地震行政执法机关应加强对下级地震行政执法机关实施地震行政许可的监督检查，及时纠正实施中的违法行为。

（二）地震行政执法机关应建立健全监督制度，通过核查反映被许可人从事地震行政许可事项活动情况的有关材料，履行监督责任。地震行政机关依法对被许可人从事行政许可事项的活动进行监督检查时，应当将监督检查的情况和处理结果予以记录，由监督检查人员签字后归档。公众有权查阅地震行政执法机关监督检查记录。地震行政机关应当创造条件，实现与被许可人、其他有关行政机关的计算机档案系统互联，核查被许可人从事地震行政许可事项活动情况。

（三）地震行政执法机关实施监督检查，不得妨碍被许可人正常的生产活动，不得索取或收受被许可人的财物，不得谋取其他利益。

（四）被许可人在作出地震行政许可决定的地震工作主管管辖区域外违法从事地震行政许可事项活动的，违法行为发生地的地震行政执法机关应依法将被许可人的违法事实、处理结果抄告作出行政许可决定的地震行政执法机关。

（五）个人和组织发现违法从事地震行政许可事项的活动，有权向地震行政执法机关举报，地震行政执法机关应及时核实、处理。

（六）地震行政执法机关在监督检查时，发现直接关系公共安全、人身健康、生命财产安全的重要设备、设施存在安全隐患的，应责令停止建造、安装和使用，并责令设计、建造、安装和使用单位立即改正。

八、流程图

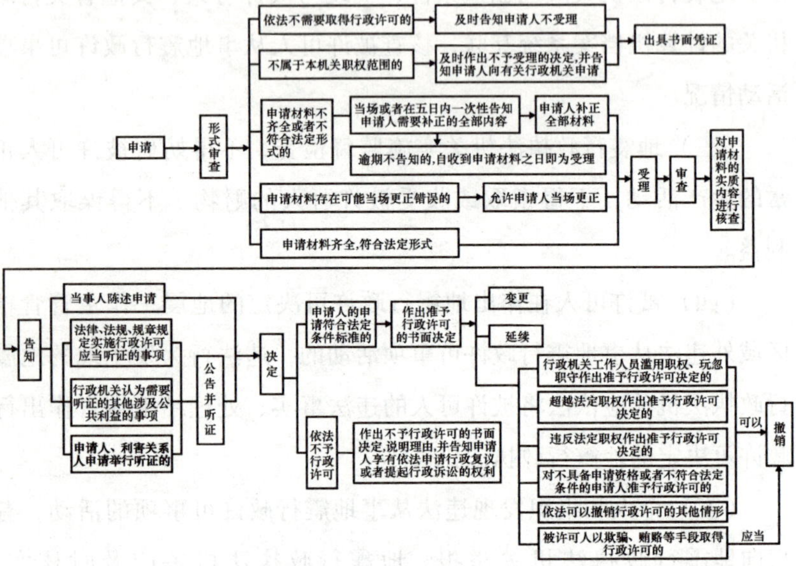

地震行政许可流程图

第四章　地震行政检查

一、地震行政检查的概念

地震行政检查是指地震行政执法机关依法对公民、法人或其他组织是否遵守地震法律、法规、规章情况，是否执行地震行政决定、命令等情况进行检查的具体行政行为。

二、地震行政检查的原则

（一）合法原则

地震行政执法机关实施地震行政检查，必须具有明确的地震法律、法规、规章依据，有明确的职权、检查目的、方法，应严格遵守法定程序。

（二）合理性原则

地震行政执法机关进行地震检查行为时，其动机必须符合法定目的，不能违反社会公益，要出于善良的动机；行政检查行为不能考虑不相关因素；行政检查行为必须符合公正法则，相同情况相同对待，检查权的行使应当符合客观规律，合乎情理。

（三）职权主义原则

地震行政执法机关调查收集信息资料的活动与职权行为相关，行政机关可主动地进行检查，其检查的种类、范围、顺序及方法，不受当事人请求的限制，并且行政机关应当全面地调查事实，不受自身偏见的限制。

（四）公开及时原则

地震行政执法机关应将地震行政检查的目的、方式、结果向社会公开；除法律有特别规定外，地震检查工作的依据、事实、内容、程序和结果应当公开，社会公众有权查阅和获取地震行政执法机关的检查记录与处理结果。

（五）保护公共秩序原则

检查人员进行地震检查时，不得妨碍社会公共秩序，不得以检查为名刁难和要挟公民、法人或其他组织，不得索取或收受财物，不得影响其正常的生产、工作、生活秩序。

三、地震行政检查的主体

各级人民政府地震行政执法机关对公民、法人或其他组织是否遵守地震法律、法规、规章情况负有依法检查的权力和责任。

四、地震行政检查的种类

（一）一般检查

一般检查是指地震行政执法机关对较大范围内的不确定的公民、法人或其他组织，遵守地震法律、法规和规章情况进行的广泛检查。

（二）专项检查

专项检查是指地震行政执法机关对具体的、特定的被检查对象，落实某一领域具体、特定情况进行的检查。专项检查必须有地震法律、法规和规章专门规定，并有明确的检查程序、方法和时限规定。

（三）业务检查

业务检查是指负有地震行政管理和地震行政检查双重职责的地震行政执法机关在业务范围内实施的检查。

（四）书面检查

书面检查是指地震行政执法机关通过审查被检查对象报送的有关材料，对其遵守地震法律、法规和规章的情况进行检查；书面检查的适用面较广，审查的书面材料可以向被检查对象调取，也可自行统计，亦可到被检查对象所在地进行查阅。

（五）实地检查

实地检查是指地震行政执法机关的检查人员直接到被检查对象工作、生产、住所等地，对其遵守地震法律、法规和规章的情况进行检查。

（六）联合检查

联合检查是指地震行政执法机关联合两个以上其他有行政检查权的行政部门对某一方面的情况进行的检查。联合检查重点体现在两个以上的部门对某一方面的事务均有行政检查权；所检查内容上的关联性，为提高行政效率而进行的联合检查。

五、地震行政检查的方式

（一）审查

地震行政执法机关应对被检查对象报送的有关文件、材料或资料进行核对、查证、函询，判断其合法性、合理性和真实性。

（二）调查

在地震行政检查中，现场调查、联合调查经常被采用，调查应客观公正，避免先入为主，最后要提出全面系统的调查报告。

（三）检查

检查的形式主要有双随机抽查、检验、检测、实地检查（查验、查问、观摩）、专项检查、综合检查。

（四）听取汇报

地震行政执法机关通过听取被检查对象的汇报，了解是否落实地震法律、法规规章，重点部署情况，包括座谈、询问、约谈等。

（五）统计

地震行政执法机关通过对已有数据的了解，对被检查对象是否落实地震法律、法规、规章情况进行检查。

（六）责令提供必要的资料、凭证等

实施地震行政检查，可以要求被检查对象提供必要的证明、资料等材料。

六、地震行政检查的程序

实施地震行政检查可以依职权进行，也可以根据投诉举报开展。依职权检查是指地震行政执法机关依据地震法律、法规和规章规定或授权的行政检查权进行的检查。依投诉举报开展的检查主要是指案件来源以个人、单位、社会团体等的投诉举报为主进行的地震执法检查。地震行政检查的具体程序包括：

（一）检查前的准备

1. 了解相关情况。地震行政检查人员应对初次检查的单位，了解其地理位置、生产规模、行业性质等；再次检查的单位应了解上一次检查整改的情况。

2. 编制现场检查方案。地震行政检查人员应综合分析被检查对象的工作、重点生产环节、重点场所、重点部位等因素，编制地震行政检查方案，经主管负责人批准后实施。

3. 检查通知。向被检查单位下发通知，包括检查时间、检查方式、检查内容、联系人等。

4. 准备证件及法规标准文书、装备。地震行政检查人员应准备执法证件，地震法律法规、各种执法文书及执法车辆、录像、照相、录音、检测工具仪器和防护工具等。

5. 其他规定。地震执法机关可以聘请或者委托相关技术服务机构和专家开展地震行政检查，并签订服务协议，约定各自的权利和义务。技术服务机构和专家按照协议约定享有权利、承担义务。

（二）表明身份

实施地震行政检查时，执法人员必须出示有效的执法证件及身份证件。

（三）说明理由

地震行政检查人员应向被检查人告知检查的目的、内容、时间、方法和要求，说明行政检查的原因和依据。

（四）实施检查

1. 地震行政检查人员可以进入现场进行检查，但不得超越权限进入禁止进入的场所进行检查；

2. 地震行政检查人员对无理由拒绝检查的被检查人可以依法采取一定的措施，对妨害检查的人员可以依法给予一定的行政处罚，也可以请求其他行政机关给予必要的协助；

3. 进行现场执法检查时，应通知被检查人到场，或有见证人到场；

4. 在检查过程中，地震行政执法机关对被检查人的不当行为有权处理；

5. 地震检查机关可以依法采取责令改正或限期改正、调取资料、抽样鉴定等措施；

6. 需要对被检查人采取强制措施的，依照《行政强制法》，申请人民法院采取强制措施；

7. 需要对被检查对象进行行政处罚的，依照本《指南》“地震行政处罚”章进行处理；

8. 依法应表彰奖励的，依据地震法律、法规、规章的规定办理。

（五）制作检查笔录

地震行政检查应制作检查笔录，并经被检查对象核对后签字确认，检查笔录应当载明下列事项：

1. 检查时间、地点；

2. 检查人员姓名、工作单位、执法证件编号；

3. 被检查对象的名称、住址等事项；

4. 检查的具体内容；

5. 检查过程及情况；

6. 检查人、被检查对象、见证人、记录人签名。

（六）告知权利

地震行政检查中，检查人员应告知被检查人对检查行为的异议权、陈述权、申辩权、申请复议权、行政诉讼权以及赔偿请求权等权利。

（七）制作地震行政检查整改通知书

针对检查过程中需要责令改正的问题，地震行政检查人员应制作地震行政检查整改通知书，整改通知书应载明下列事项：

1. 检查的时间；

2. 检查的具体内容；

3. 存在的问题；

4. 检查主体及被检查对象的名称。

（八）送达地震行政检查整改通知书

地震行政检查人员在作出检查整改通知书后，应当场交付被检查对象，不在场的，应当在检查整改通知书载明日期的第 2 天起 7 日内交付。

被检查对象在收到地震检查整改通知书后，逾期未采取补救措施的或未改正，情节严重的，进入行政处罚程序。

（九）归档

在地震行政检查结束后，地震行政执法机关对检查的情况和处理结果予以记录，由检查人员签字后归档。

七、地震行政检查的关键问题

（一）地震行政检查与地震行政处罚

地震行政检查机关单独或会同有关部门联合检查，应严格按照地震法律、法规授权和法定程序开展行政检查，实施行政处罚；对检查中发现的问题，可恢复或补救的，按照整改要求处理；对违反禁止行为造成的后果不可恢复或影响严重的，按照地震行政处罚程序处理。

（二）侵占、毁损、拆除或者擅自移动地震监测设施，危害地震观测环境，破坏典型地震遗址、遗迹行为的行政检查

1. 现场检查有无设置警示牌、查阅保护范围有无向规划部门备案存根；

2. 监测设施、设备有无被移动的痕迹；

3. 有无被占用、拆除、损坏行为；

4. 有无在划定的保护范围进行爆破、采矿、采石、钻井、抽水、注水等行为，安装其他影响装置等；

5. 依法责令停止违法行为，恢复原状或采取其他补救措施，并处以罚款，造成损失的，应当赔偿。

（三）增建抗干扰设施或者新建地震监测设施行为的行政检查

1. 现场检查重点工程有无增建抗干扰设施、是否符合国家地震观测相关要求；

2. 不能增建抗干扰设施的，有无新建地震监测设施；

3. 依法责令增建抗干扰设施；新建地震监测设施或承担新建费用。

（四）地震安全性评价结果应用的行政检查

1. 建设单位是否依法开展地震安全性评价工作；

2. 是否按照地震安全性评价报告确定的抗震设防要求正确进行抗震设防；

3. 是否将地震安全性评价结果应用于实际工程设计中；

4. 依法责令改正，逾期不改正的，对其进行地震行政处罚。

（五）专用地震监测台网和社会地震监测台站（点）的行政检查

1. 专用地震监测台网、强震动监测设施、社会地震监测台站（点）的中止或终止运行是否按规定报省级地震行政执法机关备案；

2. 是否按规定向省级地震行政执法机关实时传输监测数据；

3. 地震监测信息的质量和安全是否能保证；

4. 依法责令改正，进行备案，对台站（点）管理单位适时进行通报。

八、流程图

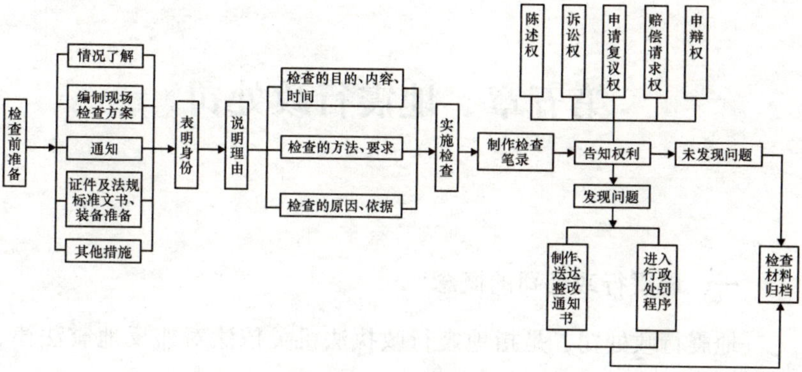

地震行政检查流程图

第五章 地震行政处罚

一、地震行政处罚的概念

地震行政处罚，是指地震行政执法机关依法对违反地震法律、法规和规章规定的公民、法人或者其他组织给予制裁的具体行政行为。

二、地震行政处罚的主体

行政处罚是由特定主体依法实施的行政行为。依据现行地震法律、法规和规章的规定，有权对违反地震行政管理秩序的行为作出行政制裁的主体为国家和县级以上地震行政执法机关及法律、法规授权的其他地震行政主体。

三、地震行政处罚的种类

我国《行政处罚法》第九条规定的行政处罚种类包括：警告、通报批评；罚款、没收违法所得、没收非法财物；暂扣许可证件、降低资质等级、吊销许可证件；限制开展生产经营活动、责令停产停业、责令关闭、限制从业；行政拘留；法律、行政法规规定的其他行政处罚。地震行政处罚的种类主要有：警告、罚款、没收违法所得、没收非法财物、暂扣和吊销许可证等。地震行政处罚可以单独实施，也可以依法合并实施。

（一）警告

警告是指地震行政执法机关对违反行政管理秩序的公民、法人或其他组织所实施的一种谴责和告诫，既具有教育性质又具有制裁性质。

（二）罚款

罚款是指地震行政执法机关强制违法者承担一定的金钱给付义务，要求违法者在一定期限内交纳一定数量金钱的处罚。

（三）没收违法所得、没收非法财物

没收违法所得是指地震行政执法机关将行政违法行为人占有的，通过违法途径和方法取得的财产收归国有的制裁方法；没收非法财物是指地震行政执法机关将行政违法行为人非法占有的财产和物品收归国有的制裁方法。

（四）暂扣或吊销地震许可证

暂扣或吊销地震许可证是指地震行政执法机关依法对违法相对人取消由地震行政执法机关颁发的许可证，或者在一定期限内扣留许可证的处罚形式。

四、地震行政处罚的原则

（一）处罚法定原则

地震行政处罚必须依法进行，法律没有明文规定为违法行为的，不得进行处罚；法律明文规定为违法行为且应当受到处罚的，按照法律规定的处罚种类、程度、方式和程序处罚。要求行政处罚设定法定，行政处罚主体及职权法定，行政处罚的依据法定，行政处罚的内容、程序和形式法定。

（二）公正公开原则

要求实施地震行政处罚必须以事实为依据，坚持实事求是；行政处罚与违法行为的事实、性质、情节以及社会危害程度相当；处罚公开，要求实施地震行政处罚的依据和过程公开。

（三）处罚与教育相结合原则

地震行政执法机关实施行政处罚，纠正违法行为，应当坚持处罚与教育相结合，教育公民、法人或者其他组织自觉守法。

（四）权利保障原则

地震行政执法机关在实施行政处罚时，必须保障行政相对人的合法权益。公民、法人或其他组织对地震行政执法机关所给予的行政处罚，享有陈述权、申辩权；对行政处罚不服的，有权依法申请行政复议或者提起行政诉讼；因地震行政执法机关违法给予行政处罚受到损害的，有权依法提出赔偿要求。

（五）职能分离原则

要求地震行政执法机关将其内部的某些相关职能加以分离，由不同的机构或不同的工作人员掌管或行使。具体包括：行政处罚调查人员与处罚决定人员分离、行政处罚决定与罚款收缴分离、调查人员与听证人员分离等。

（六）一事不再罚原则

地震行政执法机关对违法行为人的同一个违法行为不得给予两次以上罚款的行政处罚。

五、地震行政处罚的管辖和适用

（一）地震行政处罚的管辖

地震行政处罚管辖包括地域管辖、级别管辖、指定管辖、移送管辖等。

1. 地震行政处罚地域管辖，是指同级地震行政执法机关之间处理地震行政处罚案件的分工和权限。原则上是由违法行为发生地的地震行政执法机关管辖。法律、行政法规另有规定的除外。

2. 地震行政处罚级别管辖，是指不同层级的地震行政执法机关处理地震行政处罚案件的分工和权限。地震行政处罚案件由县级以上人民政府地震行政执法机关管辖，但法律、行政法规另有规定的除外。

3. 地震行政处罚指定管辖，是指两个或两个以上的地震行政执法机关对地震行政处罚案件管辖权发生争议时，报请共同的上一级地震行政执法机关指定某一地震行政执法机关管辖。指定管辖一经作出，被指定管辖的地震行政执法机关必须遵守执行，不得再次移送。

4. 地震行政处罚的移送管辖，是指地震行政执法机关发现其查处的行政案件不属于自己管辖的，应将其移送给有管辖权的行政执法主体，如果发现违法行为涉嫌犯罪的，应当及时将案件移送给司法机关处理。

（二）地震行政处罚的回避

地震行政处罚的回避是指与地震行政处罚案件有利害关系的地震行政执法人员不得参与案件的调查、处理和决定。

（三）地震行政处罚的裁量

地震行政执法机关根据公民、法人和其他组织违法情节轻重、社会危害程度大小等因素，作出与此相适应的处罚决定。行政处罚的裁量标准由各省、自治区、直辖市地震行政执法机关在同级政府网站公布。

1. 有下列情形之一的，对违法行为人不予行政处罚：

（1）不满 14 周岁的未成年人有违法行为的；

（2）精神病人、智力残疾人在不能辨认或者不能控制自己行为时有违法行为的；

（3）违法行为轻微并及时改正，没有造成危害后果的；

（4）初次违法且危害后果轻微并及时改正的，可以不予行政处罚；

（5）当事人有证据足以证明没有主观过错的；

（6）违法行为在2年内未被发现的，不再给予行政处罚；

（7）法律规定不予处罚的其他情形。

2. 有下列情形之一的，对违法行为人应当从轻或者减轻行政处罚：

（1）已满14周岁不满18周岁的未成年人有违法行为的；

（2）主动消除或者减轻违法行为危害后果的；

（3）受他人胁迫或者诱骗实施违法行为的；

（4）主动供述行政机关尚未掌握的违法行为的；

（5）配合行政机关查处违法行为有立功表现的；

（6）法律、法规、规章规定其他应当从轻或者减轻行政处罚的。

尚未完全丧失辨认或者控制自己行为能力的精神病人、智力残疾人有违法行为的，可以从轻或者减轻行政处罚。

（四）责令改正

地震行政执法机关在实施地震行政处罚时，应当责令当事人改正或者限期改正违法行为。

（五）一事不再罚原则

地震行政执法机关对违法行为人的同一个违法行为不得给予两次以上罚款的行政处罚。

（六）地震行政处罚的时效

违法行为在2年内未被地震行政执法机关发现的，不再给予处罚，法律另有规定的除外。期限从违法行为发生之日起计算；违法行为有连续或继续状态的，从违法行为终了之日起计算。

六、地震行政处罚的简易程序

（一）地震行政处罚简易程序的条件

1. 违法事实确凿；

2. 对该违法行为处以行政处罚有明确具体的法定依据；

3. 处罚较轻，即对公民处以200元以下、对法人或者其他组织处以3000元以下罚款或者警告。

（二）地震行政处罚简易程序要求

地震行政处罚简易程序适用于地震行政执法人员在违法行为现场作出行政处罚的决定。适用简易程序按照下列步骤进行：

1. 出示有效行政执法证件，表明执法人员的身份；

2. 向被处罚人说明其违法事实、行政处罚的理由和依据；

3. 听取违法行为人的陈述和申辩，并制作《当事人陈述申辩笔录》；

4. 填写预定格式的行政处罚决定书，并交付当事人，决定书应当由地震行政执法机关预先编号，一式两份，须载明以下内容：

（1）违法行为人的基本情况，姓名、性别、年龄、住址；

（2）违反地震法律、法规、规章的主要事实和证据；

（3）处罚的依据、处罚的种类和幅度；

（4）处罚的履行方式、地点、期限、不按期履行的责任；

（5）申请行政复议、提起行政诉讼的选择、期限、行政复议机关；

（6）地震行政执法人员证号及签名；

（7）地震行政处罚的时间（具体到时、分）、地点；

（8）违法行为人签名或拒绝签名的说明。

5. 地震行政执法人员在作出地震行政处罚决定书后，应当在规定时间内报所在单位备案并填写备案登记表。

七、地震行政处罚的一般程序

在地震行政处罚中，除依法由地震行政执法人员代表地震行政执法机关向违法行为人当场作出的行政处罚外，其余案件均适用一般程序。地震行政处罚的一般程序包括：立案、调查取证、审核并提出处理意见、处罚告知、听证、决定、送达。

（一）立案

1. 案件来源：

（1）监督检查中发现的；

（2）群众举报的；

（3）其他部门移送的；

（4）违法行为人主动投案的；

（5）上级地震行政执法机关指定办理的；

（6）下级地震行政执法机关报请的；

（7）其他需要受理的案件。

2. 地震行政执法机关应当对立案的书面材料、口头材料、电话、电子文本等进行记录。

3. 立案条件：

（1）有证据初步证明公民、法人或其他组织有违反地震法律、法规、规章的行为；

（2）属于受理案件的地震行政执法机关管辖；

（3）违法行为是应当受地震行政处罚的行为；

（4）在法定追究行政处罚责任的期限内；

（5）法律规定的其他条件。

4. 立案审批。符合以上立案条件，确需立案的，应填写立案审批表，载明案由、案件来源、案件名称、当事人、案件基本情况等内容。立案审批表应当经两名承办人签署意见及姓名、执法证件编号、时间后，送地震行政执法机关负责人审核、批准。对不需要处罚的不予立案；对不属于本级地震行政执法机关管辖的应将其移送给有管辖权的行政执法主体。

（二）调查取证

地震行政执法机关在立案后，应当对案件进行全面调查，对主要事实和证据进行查对核实，取得必要的证据，并查证有关行政法律规范。地震行政执法机关应当指派不少于 2 名执法人员进行案件调查、证据收集。证据的调查收集适用本《指南》“地震行政执法证据收集与适用”部分的相关内容。

（三）审核并提出处理意见

1. 调查终结后，地震行政执法调查人应向地震行政执法机关提交案件调查报告。调查报告应当写明当事人的基本情况、查明的案件事实、调查的证据及认定情况、案件性质，同时根据不同情形提出以下处理建议：

（1）确定应当受到处罚的，依法予以地震行政处罚；

（2）违法行为较轻，依法免于地震行政处罚；

（3）违法行为不能成立的，依法撤销案件；

（4）违法行为已构成犯罪的，依法将案件移送司法机关处理。

2. 属于一般执法的，执法人员将相关材料一并提交地震行政执法机关负责人审查；属于重大执法的，执法人员应当将相关材料一并提交同级法制审核机构审查。地震行政处罚中重大执法法制审核按照本《指南》第一章中“重大执法决定法制审核”的相关内容进行。未经审核或者审核不通过的，不得作出行政处罚决定。

（四）处罚告知

地震行政执法机关在作出地震行政处罚决定之前，应当制作并送达《地震行政处罚事先告知书》，告知当事人作出行政处罚决定的事实、理由及依据，并告知当事人依法享有陈述和申辩的权利。

依法履行行政处罚告知程序后，地震行政执法人员应当根据当事人的陈述或申辩制作《当事人陈述申辩笔录》，并对当事人的陈述或申辩进行复核。当事人提出的事实、理由或者依据成立的，应当予以采纳，地震行政执法机关不得因当事人申辩而加重处罚。当事人接到告知书后，未在规定期限内陈述、申辩的，视为放弃陈述、申辩的权利，并由被处罚人核对无误后签字确认。

（五）处罚听证

1. 地震行政处罚听证的适用范围

地震行政执法机关拟作出下列行政处罚决定，应当告知当事人有要求听证的权利，当事人要求听证的，行政机关应当组织听证：

（1）较大数额罚款；

（2）没收较大数额违法所得、没收较大价值非法财物；

（3）降低资质等级、吊销许可证件；

（4）责令停产停业、责令关闭、限制从业；

（5）其他较重的行政处罚；

（6）法律、法规、规章规定的其他情形。

2. 地震行政处罚听证程序

（1）当事人要求听证的，应当在地震行政执法机关告知后5日内提出，逾期视为放弃听证；

（2）地震行政执法机关应当在举行听证的7日前，以书面形式通知当事人听证的时间、地点；

（3）除涉及国家秘密、商业秘密和个人隐私外，听证应当公开举行；

（4）听证由地震行政执法机关的法制工作机构负责，由地震行政执法机关指定非本案调查人员主持，当事人认为主持人与本案有直接利害关系的，有权申请回避；

（5）当事人可以亲自参加听证，也可以委托1—2人代理；

（6）举行听证时，地震行政处罚调查人员提出当事人违法的事实、证据和行政处罚建议，针对被指控的事实及相关问题当事人进行申辩和质证；

（7）听证应当制作笔录；笔录应当交当事人审核无误后签字或者盖章。

3. 地震行政处罚听证的具体流程

（1）听证员检查听证参加人员是否到场，宣布听证纪律；

（2）听证主持人宣布案由，主持人、听证员和书记员名单，告知当事人有关的权利和义务，询问当事人是否提出回避申请；

（3）案件调查人员陈述当事人的违法事实、证据、处罚依据和处罚建议；

（4）当事人进行陈述和申辩，并出示相关证据；

（5）当事人及其代理人和案件调查人员进行质证和辩论；

（6）当事人及其代理人作最后陈述；

（7）听证主持人宣布听证结束。

4. 听证举行后，地震行政执法机关应当根据听证情况进行复核。违法事实清楚的，依法作出行政处罚决定；违法事实与原来认定有出入的，应当调查核实，查清事实后，作出处理决定。

5. 当事人不承担听证费用。

（六）处罚决定

1. 地震行政处罚由地震行政执法机关负责人决定，对情节复杂或者重大违法行为的行政处罚，须经地震行政执法机关法制审核机构审核后，由地震行政执法机关负责人召集会议集体讨论决定。

2. 地震行政处罚案件调查终结并听取当事人意见后，地震行政执法机关负责人应当对调查结果和当事人的陈述申辩意见进行审查，根据不同情形分别作出决定：

（1）确有应受行政处罚的违法行为的，根据情节轻重及具体情况，作出行政处罚决定；

（2）违法行为轻微，依法可以不予行政处罚的，不予行政处罚；

（3）违法事实不能成立或违法事实不存在的，不得给予行政处罚；

（4）违法行为已构成犯罪的，移送司法机关。

3. 地震行政执法机关决定给予行政处罚的，应当制作加盖地震行政执法机关印章的行政处罚决定书，决定书应当载明以下事项：

（1）当事人的姓名或者名称、地址；

（2）违反地震法律、法规、规章的事实和证据；

（3）行政处罚的种类和依据；

（4）行政处罚的履行方式和期限，涉及罚款的还应当载明收缴罚款的金融机构名称、地址以及不按规定期限缴纳罚款的法律后果；

（5）申请行政复议、提起行政诉讼的途径和期限；

（6）作出地震行政处罚决定的行政机关名称和作出决定的日期。

行政处罚决定书必须盖有作出行政处罚决定的行政机关的印章。

（七）送达

行政机关应当自行政处罚案件立案之日起 90 日内作出行政处罚决定。法律、法规、规章另有规定的，从其规定。

1. 地震行政处罚决定书应当在宣告后当场交付当事人；当事人不在场的，地震行政执法机关应当在 7 日内依照《民事诉讼法》的有关规定，采取直接送达、留置送达、邮寄送达、委托送达、公告送达、转交送达以及传真、电子邮件送达等方式，将行政处罚决定书送达当事人。

2. 地震行政处罚法律文书的送达必须有送达回证，由送达人在送达回证上注明收到日期，签名或盖章。受送达人在送达回证上的签收日期为送达日期。公告送达的期限为公告之日起 60 日，期满视为送达。

八、地震行政处罚的执行

（一）执行原则

1. 申诉不停止执行原则。地震行政处罚决定依法作出后，当事人应当在行政处罚决定的期限内履行，对地震行政处罚决定不服申请行政复议或者提起行政诉讼的，行政处罚不停止执行，除法律另有规定外。

2. 罚缴分离原则。地震行政执法机关作出罚款决定后，除法律规定可以当场收缴的罚款外，作出行政处罚决定的行政机关及其执法人员不得自行收缴罚款。当事人应当自收到行政处罚决定书之日起 15 日内，到指定的银行或者通过电子支付系统缴纳罚款。银行应当收受罚款，并将罚款直接上缴国库。

（二）当场收缴罚款

1. 依照法律规定当场作出 100 元以下罚款的行政处罚决定，或不当场收缴事后难以执行的，执法人员可以当场收缴罚款：

2. 在边远、水上、交通不便地区，行政机关及其执法人员按照简易程序和普通程序作出罚款决定后，当事人到指定的银行或者通过电子支付系统缴纳罚款确有困难，经当事人提出，行政机关及其执法人员可以当场收缴罚款。

3. 行政机关及其执法人员当场收缴罚款的，必须向当事人出具国务院财政部门或者省、自治区、直辖市人民政府财政部门统一制发的专用票据；不出具财政部门统一制发的专用票据的，当事人有权拒绝缴纳罚款。

4. 执法人员当场收缴的罚款，应当自收缴罚款之日起 2 日内，交至行政机关；在水上当场收缴的罚款，应当自抵岸之日起 2 日内交至行政机关；行政机关应当在 2 日内将罚款缴付指定的银行。

（三）执行措施

1. 对于地震行政执法机关作出的处罚决定，当事人应当在规定期限内自觉履行。当事人应当在地震行政处罚决定书规定的期限内到指定的银行或者通过电子支付系统按时缴纳罚款；责令改正或者限期改正的应当按时改正。

2. 当事人逾期不履行行政处罚决定的，作出行政处罚决定的地震行政执法机关可以采取下列措施：

（1）到期不缴纳罚款的，每日按罚款数额的3%加处罚款，加处罚款的数额不得超出罚款的数额；

（2）根据法律规定，将查封、扣押的财物拍卖、依法处理或者将冻结的存款、汇款划拨抵缴罚款；

（3）根据法律规定，采取其他行政强制执行方式；

（4）依照《行政强制法》的规定申请人民法院强制执行。

行政机关批准延期、分期缴纳罚款的，申请人民法院强制执行的期限，自暂缓或者分期缴纳罚款期限结束之日起计算。

九、结案归档

地震行政处罚决定执行完毕后，由地震行政执法人员填写结案审批表，报地震行政执法机关负责人审批后结案。结案后应按照本《指南》中“地震行政执法文书的归档管理”的相关内容制作案卷，一案一卷，档案保存期不得少于5年。

十、地震行政处罚典型事项

（一）侵占、毁损、拆除或者擅自移动地震监测设施的行政处罚

对于情节严重，现行地震法律法规和规章未作出细化规定的，需要地震行政执法机关根据数据中断损失、恢复难易程度以及经济损失大小等情节作出裁量。涉及重大地震行政执法决定的，按照本《指南》第一章中“重大执法决定法制审核”的相关内容办理。

（二）危害地震观测环境行政处罚

1. 国家标准对地震观测保护范围作出规定的，按照现行的标准执行，主要有GB/T 1953.1—2004、GB/T 1953.2—2004、GB/T

1953.3—2004、GB/T 1953.4—2004；

2. 国家标准对地震观测保护范围未作出规定的，由县级以上地震行政执法机关会同其他相关部门进行现场实测确定。

（三）未按照要求增建抗干扰设施或者新建地震监测设施的行政处罚

确保国家重点建设项目按要求增建抗干扰设施或者新建地震监测设施。包括基础设施、基础产业和支柱产业中的大型项目；高科技并能带动行业技术进步的项目；跨地区并对全国经济发展或者区域经济发展有重大影响的项目；对社会发展有重大影响的项目；其他骨干项目。

十一、流程图

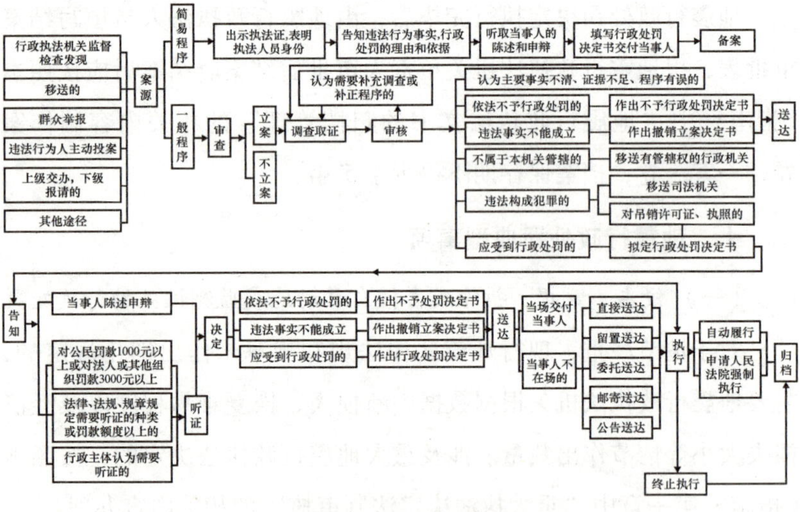

地震行政处罚流程图

第六章 地震行政确认

一、地震行政确认的概念

地震行政确认是指地震行政执法机关依法对公民、法人或者其他组织在防震减灾活动中的法律地位、特定法律关系或者有关法律事实进行甄别，给予确定或者否定并宣告的具体行政行为。

地震行政确认一般不直接形成或处分行政相对人的权利义务，主要是对已存在的权利义务予以确认。地震行政确认是对已经存在的事实与法律关系的认可，地震行政确认既不是限制权利的行为，也不是赋予权利的行为，对相对人而言不存在直接的获利或损害。

二、地震行政确认的分类

（一）依职权的地震行政确认和依申请的地震行政确认

1. 依职权的地震行政确认是指地震行政执法机关根据法定职权对特定法律关系、法律事实等予以确认的行为；

2. 依申请的地震行政确认是指地震行政执法机关回应行政相对人的申请或者其他方面的请求对特定法律关系和法律事实等进行确认的行为。

（二）对身份的确认、对能力的确认和对事实的确认

1. 对身份的确认是指对公民、法人或者其他组织在防震减灾法

律关系中的地位的确认；

2. 对能力的确认是指对公民、法人或者其他组织在防震减灾活动中是否具有从事某种行为的资格或者能力的证明；

3. 对事实的确认是指对公民、法人或者其他组织的某种实体权利的确认。

三、地震行政确认的形式

（一）确定。确定是对公民、法人或其他组织法律地位和权利义务的认定。

（二）认定。认定是对公民、法人或其他组织已有的法律地位、权利义务或者确认事项是否符合法律要求进行判定和确认。

（三）证明。证明是对防震减灾活动中的法律关系存在状态或者法律地位、法律事实的真实性、合法性等进行明确肯定和确认。

（四）登记。登记是指在地震行政执法机关有关登记簿（册）中记载法定事项，依法明确某种法律事实或者确认某种法律关系的存在、变更或者消灭，并依法予以正式宣告。

（五）鉴定。鉴定是指对防震减灾活动中特定的法律事实或客体的性质、状态、质量等进行的客观评价。

四、地震行政确认的原则

（一）依法确认原则

地震行政确认必须严格依据地震法律、法规、规章的规定进行，遵循法定程序，确保地震法律、法规、规章所保护的公共利益和公民、法人及其他组织的权益得以实现。

（二）客观公正原则

地震行政确认是对防震减灾活动中的法律事实和法律关系的证

明或明确，必须客观、公正，不允许有任何偏私；另外还须完善程序公开、权利告知等有关公正程序。

（三）行政效率原则

地震行政确认还需要遵循行政效率原则，以确保地震行政确认产生积极的行政管理效应和公共服务效果，以有效回应社会争议和权益冲突，稳定社会关系和公共秩序。

（四）保守秘密原则

地震行政确认必须确保公正、公开，严格保守国家秘密，涉密内容不得随意公开。

五、地震行政确认的程序

地震行政确认分为依职权确认和依申请确认；地震行政执法机关实施的地震行政确认主要是依申请确认事项，主要包括申请、受理、审查、听证、决定、送达程序。

（一）申请

1. 公民、法人或其他组织申请地震行政确认的，须提交申请书；书写申请书确有困难的，可以委托他人代书。

2. 地震行政确认申请可以通过省级以上人民政府地震行政执法机关政务服务网在线办理，也可以前往当地政务服务大厅向地震行政审批服务窗口提出申请。

3. 申请人提交相关证明材料和反映真实情况，并对申请材料实质内容的真实性负责。

（二）受理

1. 公民、法人或其他组织提交的申请材料齐全、符合法定形式的，地震行政执法机关应予以受理；申请材料齐全并符合法定形式，但申请材料需要核实的，应当决定予以受理，同时书面告知申请人需要核实的事项、理由及时间。

2. 申请材料不齐全的，地震行政执法机关应当告知公民、法人或其他组织在法定期限内进行材料补正，补正的应予以受理。

3. 对不符合法定形式或申请材料不齐全又不补正的，不予受理。

4. 公民、法人或其他组织申请的地震行政确认事项需要经过现场确认或特别程序确认甄别的，地震行政执法机关应当提前向申请人出具通知书。

（三）审查

1. 地震行政执法机关对公民、法人或其他组织提交的申请是否符合法定形式进行审查；

2. 地震行政执法机关对公民、法人或其他组织提交的资质、材料及事项是否符合法定条件等进行实质审查。

（四）听证

需要听证的，按照地震行政执法听证程序办理。

（五）决定

1. 地震行政执法机关经审查，符合地震行政确认事项法定条件的，应以书面形式作出行政确认决定；

2. 地震行政执法机关经审查，不符合地震行政确认事项法定条件的，应以书面形式作出不予行政确认决定；

3. 地震行政执法机关依法作出不予行政确认的书面决定，应当说明理由，并告知申请人享有依法申请行政复议或提起行政诉讼的权利。

（六）送达

地震行政确认决定书应当场交付公民、法人或其他组织；无法当场交付的，可采用邮寄送达方式，以挂号信或特快专递方式送达公民、法人或其他组织，并将邮寄回执留存放入档案，以邮寄回执日期为送达日期。

六、地震行政确认机关的告知义务

（一）告知公民、法人或其他组织的基本信息

1. 地震行政执法机关通过办事指南或本级信息网告知公民、法人或其他组织，办理的法定时限，承诺时限。

2. 告知现场办理的工作地点或政务中心，需乘坐的公交车次、站点，门牌号、楼层、门牌标示，地图，联系电话，工作时段，查询进度电话，投诉电话。

3. 告知网上办理的网址；联系电话；工作时段；查询进度电话；投诉电话；办理不收费。

（二）告知公民、法人或其他组织需提供的材料

1. 申请书，原件 2 份。封面加盖申请机构公章，申请书中的“申请确定的项目”由机构法定代表人签字，加盖机构公章；

2. 建设单位营业执照或建设单位法人证书副本（复印件 1 份，原件备查）；

3. 建设工程立项批复文件或报建材料（复印件 1 份，原件备查）；

4. 工程平面图、活动范围平面图（复印件 1 份，原件备查）；

5. 开展相应工作的证明资料（复印件 1 份）；

6. 申请书填写包括：项目名称、项目地址、建设工程基本概况（总投资额、建设规模、主要功能、进展情况、准确的经纬度等信息）、申请单位（单位名称、法定代表人、联系人、联系电话、电

子邮件、邮政编码、联系地址等信息）、避免影响监测设施和观测环境主要措施、申请人（单位）签章；

7. 填写申请书一律使用碳素或蓝黑墨水笔，一式二份（含附图）；同时应加盖公章，复印件无效。

七、地震遗址、遗迹行政确认

1. 地震灾区中有重大科学价值的地震遗址、遗迹，由同级政府组织负责地震工作的行政执法机关提出意见，组织有关部门和专家论证评估；

2. 根据地震灾害损失调查评估结果，制订清理保护方案，明确典型地震遗址、遗迹和文物保护单位以及具有历史价值与民族特色的建筑物、构筑物等保护对象及其保护范围和措施；

3. 对清理保护方案确定的地震遗址、遗迹应当在保护范围内采取有效措施进行保护，抢救、收集具有科学研究价值的技术资料和实物资料，并在不影响整体风貌的情况下，对有倒塌危险的建筑物、构筑物进行必要的加固，对废墟中有毒、有害的废弃物、残留物进行必要的清理；

4. 经省级地震行政执法机关会同有关部门审核并报省级人民政府批准后，由地震遗址、遗迹所在地的人民政府指定的有关部门对地震遗址、遗迹进行特殊保护；

5. 地震遗址、遗迹的保护应当列入地震灾区的重建规划，对具有典型性、代表性、科学价值和纪念意义的地震遗址、遗迹划定范围，建立地震遗址博物馆。

八、流程图

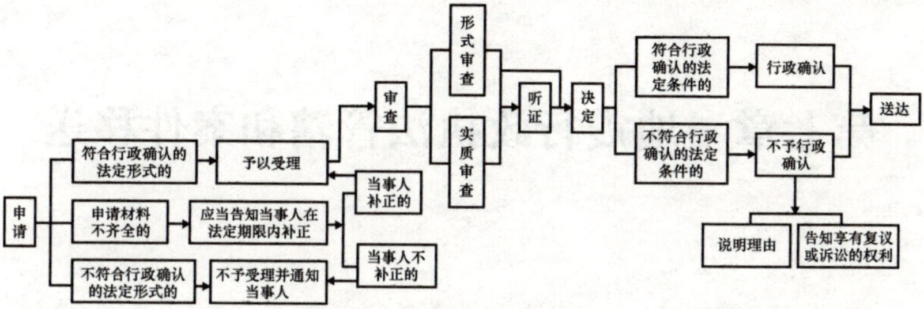

地震行政确认流程图

第七章 地震行政执法管辖和案件移送

一、地震行政案件的管辖

地震行政执法案件管辖是指地震行政执法机关之间受理和查处地震行政事务的分工和权限。地震行政执法管辖实行地域管辖和级别管辖相结合的原则，国家地震行政执法机关负责管理、指导和监督全国的地震行政执法。县级以上地方各级地震行政执法机关负责管理本行政区域内的地震行政执法。受委托的组织或者机构，在其委托的范围内进行地震行政执法。地震行政执法机关之间因执法管辖权发生争议时，争议双方应当协商；协商不成的，案件由其共同上一级地震行政执法机关指定管辖。

二、地震行政执法案件的移送

地震行政执法案件移送是指地震行政执法机关依照地震法律、法规、规章的规定，将地震行政执法过程中发现的不属于本部门受案范围的案件，按法定程序移送至有管辖权的行政机关依法处理的行为。

（一）案件移送种类

1. 地震系统外案件移送

地震行政执法机关发现正在查处的案件不属于自己管辖时，有下列情形之一的，应当将案件移送至有管辖权的其他行政机关处理：

（1）无证经营的；

（2）施工材料瑕疵或偷工减料的；

（3）未批先建项目的；

（4）破坏生态环境的；

（5）搭建违章建筑的；

（6）违法占用耕地的；

（7）违法采石采矿爆破的；

（8）堆积垃圾或污水处理的；

（9）破坏市场经济秩序、妨害社会管理秩序等。

2. 地震系统内部移送案件

地震行政执法机关发现正在查处的案件不属于自己管辖，属于其上级或下级机关管辖时，应当将案件移送到有管辖权的上级或下级地震行政执法机关，受移送机关不得再自行移送或者拒绝。

（二）案件移送程序及要求

1. 填写《案件移送审批表》。《案件移送审批表》主要包括当事人基本信息；案情基本情况；受移送机关；移送理由；承办人员意见；负责人审批意见。

2. 审批登记。对于移送其他行政机关处理的案件，须经地震行政执法机关主要负责人批准，并办理移送登记手续，移送相关证据材料。

3. 移送材料。地震行政执法机关移送案件时，应当将有关材料一并移送至有管辖权的机关。移送材料包括案件来源材料、调查报告、有关证据材料，以及取证的书面、音像、数据等证据资料和其他需要移送的材料。

三、涉嫌犯罪案件的移送

（一）涉嫌犯罪案件移送

地震行政执法机关对案件涉案金额、违法情节、行为后果等达到刑事追诉标准、涉嫌犯罪的，应向违法行为发生地的同级公安机关移送。

（二）涉嫌犯罪案件移送程序

1. 案件移送人员。地震行政执法机关对涉嫌犯罪案件的移送，应当指定2名以上地震行政执法人员专门负责，核实情况后提出移送书面报告。

2. 制作调查报告。涉嫌犯罪案件移送调查报告主要包括当事人及案由、案件调查经过及证据、涉嫌犯罪事实分析、处理意见等内容。

3. 审批决定。地震行政执法人员将涉嫌犯罪案件移送调查报告报请地震行政执法机关主要负责人审批，地震行政执法机关主要负责人应当自接到报告之日起3日内作出准予移送或者不予移送的决定。决定准予移送的，应当在24小时内向同级公安机关移送案件；决定不予移送的，应当将不予批准的理由记录在案。

4. 附案件材料。地震行政执法机关移送涉嫌犯罪案件，应附下列材料：涉案移送书、调查报告、物品清单、检验报告或鉴定意见、有关证据材料。

（三）移送处理

1. 移送回执。公安机关对地震行政执法机关移送的涉嫌犯罪案件，应当在移送回执上签字。

2. 公安机关审查。公安机关应自收到地震行政执法机关移送涉嫌犯罪案件之日起3日内进行审查。

3. 审查结果。公安机关经审查认为有犯罪事实，需要追究刑事责任，依法决定立案的，应书面通知移送案件的地震行政执法机关。

4. 地震行政执法机关应自接到立案通知书之日起3日内，将涉案物品以及与案件有关的其他材料移送公安机关，并办结交接手续。

5. 对于公安机关决定不予立案的，地震行政执法机关接到不予立案通知后，认为依法应当由公安机关决定立案的，可以自接到不予立案通知之日起3日内，提请作出不予立案决定的公安机关复议，或者建议人民检察院进行立案监督。

（四）逾期不移送或违法移送的处理

1. 地震行政执法机关违反法定移送时限，逾期不将案件移送公安机关的，由上级地震行政执法机关或本级人民政府责令限期移送；

2. 地震行政执法机关对应当向公安机关移送的案件不移送的，由上级地震行政执法机关或本级人民政府责令改正，给予通报。

（五）注意事项

1. 对案情复杂、性质难以认定的案件，地震行政执法机关可以向公安机关、人民检察院咨询；

2. 地震行政执法机关对有证据表明涉嫌犯罪的行为人可能逃匿或者销毁证据，需要公安机关参与、配合的，应及时通报公安机关，商请公安机关提前介入；

3. 地震行政执法机关对应向公安机关移送的涉嫌犯罪案件，不得以行政处罚代替移送；

4. 地震行政执法机关移送案件之前，已经作出的警告、罚款等地震行政处罚决定，不停止执行；

5. 地震行政执法机关移送涉嫌犯罪案件，应接受人民检察院和监察机关的监督。

四、流程图

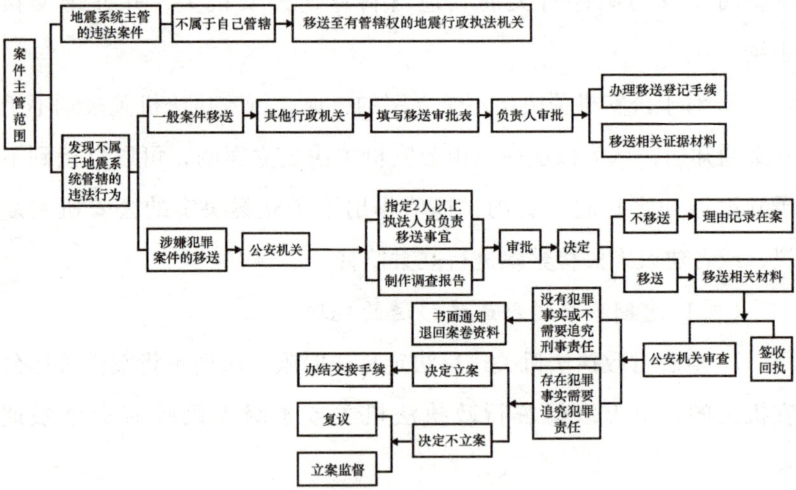

地震行政案件移送流程图

第八章　地震行政复议

一、地震行政复议概述

地震行政复议是指公民、法人或者其他组织认为地震行政执法机关的具体行政行为侵犯其合法权益，依法向其上级地震行政执法机关或同级人民政府提出复查该具体行政行为的申请，上级地震行政执法机关或同级人民政府依照法定程序对被申请的具体行政行为进行合法、适当性审查，并作出行政复议决定的一种法律制度。

地震行政复议的主体只能是依法设定的具有复议管辖权的地震行政执法机关和人民政府；地震行政执法机关负责法律事务的部门负责具体办理行政复议事项。

二、地震行政复议基本原则

（一）合法原则

1. 地震行政复议的主体合法。地震行政复议的主体合法要求地震行政复议应当由适格的行政主体作出。

2. 地震行政复议的程序合法。地震行政复议的程序合法要求的要件有二：一是在有法律明文规定的情况下，地震行政复议的作出必须符合法定的程序；二是当法律对于地震行政复议作出的程序没有法律明文规定或规定较为模糊的情况下，地震行政复议的作出必须符合正当程序的要求。

3. 地震行政复议的权限合法。地震行政复议的权限合法不仅要求地震行政复议作出有合法的权力来源，还要求地震行政行为的作出不能够超越行政职权。

（二）公正原则

1. 地震行政复议机关应从合法性和合理性两个层面审查被申请人的地震具体行政行为，对不合法的具体行政行为，应当予以撤销或确认违法；对明显不公正的具体行政行为依法变更，必要时还可以责令被申请人重新作出具体行政行为。

2. 地震行政复议机关应查明与案件有关的所有事实，并作出准确的定性；对被申请人的具体行政行为所适用的法律条款应当作出准确的判断。

3. 地震行政复议机关应正当、合理地行使行政复议自由裁量权。

（三）公开原则

地震行政复议机关在行政复议时，除涉及国家秘密、个人隐私和商业秘密外，应当向相对人及社会公开地震行政复议的依据、过程、内容、结论以及相关的地震行政资讯。

（四）及时原则

地震行政执法机关应严格遵守法定的期限，确保地震行政复议能在法定的期限内完成；应敦促行政复议当事人遵守法定的期限，有助于确保正常行政效率，不损害相对人合法权益。

（五）便民原则

1. 地震行政复议应尽可能考虑为申请人提供复议的便利条件，实行一级复议制，不得向申请人收取行政复议费用。

2. 地震行政执法机关应为当事人提供便利条件，对不能提供书面申请的，允许以口头形式提出；口头申请的，应当当场记录申请人的基本情况、行政复议的请求、主要事实、理由和时间。

三、地震行政复议基本制度

（一）一级地震行政复议制度

公民、法人或者其他组织不服地震具体行政行为，只能向地震行政复议机关申请一次复议，地震行政复议机关针对一个具体行政行为只能作出一个行政复议决定。申请人对行政复议决定不服的，只能向人民法院提起地震行政诉讼，不得向行政机关再次申请行政复议。

（二）书面审查制度

地震行政复议机关审理复议案件时，可以对行政复议申请人提出的行政复议申请、被申请人提交的答辩材料、依据证据进行书面审查，进而作出地震行政复议决定的制度。地震行政复议原则上采取书面审查办法，但是申请人提出要求或者地震行政复议机构认为有必要时，可以向有关组织和人员调查情况，听取申请人、被申请人和第三人的意见。

（三）复议不停止执行

地震行政复议期间，一般不停止对原地震行政行为的执行，但下列情况下停止执行：被申请人认为需要停止执行的；经地震行政复议机关认为需要停止执行的；申请人申请停止执行，地震行政复议机关认为其要求合理，决定停止执行的；法律规定停止执行的。

（四）复议代理制度

地震行政复议当事人可以委托1—2人代理参加地震行政复议。

（五）查阅卷宗

申请人、第三人可以查阅被申请人提出的书面答复、作出具体行政行为的证据、依据和其他有关材料，除涉及国家秘密、商业秘密或者个人隐私外，地震行政复议机关不得拒绝。

四、地震行政复议受案范围

（一）地震行政复议受案范围

地震行政复议的受案范围是指公民、法人或者其他组织认为地震行政执法机关具体行政行为侵犯其合法权益，地震行政复议机关可以依法受理行政争议的种类和权限。

（二）可以申请地震行政复议的行为

1. 对地震行政机关作出的赔偿损失、责令改正、恢复原状等行政决定不服的；

2. 对地震行政机关作出的警告、罚款等行政处罚决定不服的；

3. 对地震行政机关作出的有关许可证、资格证、资质证等证书变更、中止、撤销等决定不服的；

4. 认为符合法定条件、申请地震行政机关颁发许可证、资格证、资质证等证书，或者申请地震行政机关审批、登记等事项，地震行政机关没有依法办理的；

5. 认为地震行政机关的其他具体行政行为侵犯其合法权益的。

（三）可一并提起行政复议的抽象行政行为

公民、法人或其他组织在提起行政复议时，可一并提出对规章以下的其他规范性文件的审查申请，但不得对法律、行政法规和规章以及国务院制定的行政规范性文件提起行政复议。

（四）对地震行政执法机关作出的下列行为不得申请复议

1. 地震行政执法机关对其内部人员作出的奖惩、任免等内部行为；

2. 国家行为；

3. 地震行政执法机关的调解行为和仲裁行为；

4. 不具有强制力的行政指导行为；

5. 驳回当事人对地震行政行为提起申诉的重复处理行为；

6. 过程性地震行政行为；

7. 地震法律、法规规定的其他行为。

五、地震行政复议管辖

（一）公民、法人和其他组织对县级以上地方各级地震行政执法机关的具体行政行为不服的，由申请人选择，可以向该部门的本级人民政府申请地震行政复议，也可以向上一级地震行政机关申请地震行政复议。

（二）对国家地震行政执法机关的具体行政行为不服的，可向国家地震行政执法机关申请地震行政复议。对复议决定不服的，可以向人民法院提起行政诉讼。

（三）对县级以上地方各级地震行政机关与其他行政机关以共同的名义作出的具体行政行为不服的，向其共同的上一级行政机关申请行政复议。

（四）对被撤销的地震行政执法机关在其被撤销前的具体行政行为不服的，由继续行使其职权的上一级主管部门管辖。随着全面深化改革的不断深入，已有部分市、县地震部门并入同级应急管理部门，对市、县地震部门并入前的具体行政行为不服的，由继续行使其职权的应急管理部门的上一级部门管辖。

六、审查地震复议申请

（一）申请地震行政复议必须满足以下条件

1. 申请人合格。只有公民、法人或者其他组织才能对地震具体行政行为申请地震行政复议。

2. 有明确的被申请人。地震行政复议的被申请人是作出具体地震行政行为，申请人认为侵犯其合法权益的地震行政执法机关。

3. 有具体的地震行政复议请求和事实根据。

4. 申请事项属于法定的地震行政复议的事项范围。

5. 向有管辖权的行政机关提起申请。

（二）地震行政复议的申请期限

公民、法人或者其他组织认为地震行政机关的具体行政行为侵犯其合法权益的，可以自知道该具体行政行为之日起60日内提出地震行政复议申请；法律规定的申请期限超过60日的除外。

（三）以书面申请地震行政复议方式应载明以下内容

1. 申请人的姓名、年龄、职业、住址等（法人或其他组织的名称、地址、法定代表人的姓名）；

2. 被申请人的名称、地址；

3. 地震行政复议机关名称；

4. 地震行政复议请求；

5. 申请地震行政复议的主要事实和理由；

6. 提出申请的日期。

七、地震复议申请受理

地震行政复议机关自收到地震行政复议申请后，应当在5日内进行审查，并作出如下处理。

（一）对于符合地震行政复议条件，且没有向人民法院提起诉讼的，依法决定受理。

（二）对于不符合地震行政复议条件的，决定不予受理，并书面告知申请人不予受理的理由。

（三）对于复议申请材料不齐全或表述不清楚的，自收到复议申请之日起5日内一次性书面通知申请人补正。

（四）对于符合法律、法规规定，但不属于地震行政复议机关受理的行政复议申请的，应在决定不予受理的同时，告知申请人向有关行政复议机关提出。

（五）申请人就同一事项向两个或两个以上有权受理的地震行政复议机关申请复议的，由最先收到复议申请的行政主体受理。

（六）上级地震行政执法机关认为下级地震行政执法机关该受理而不受理的，可以先行督促其受理，经督促仍不受理的，应当责令其限期受理，必要时也可以直接受理。

八、地震行政复议申请受理的法律后果

地震行政复议申请受理意味着地震行政复议程序正式启动，地震行政复议机关必须依照法律规定完成地震行政复议的全部程序并对特定地震行政执法争议作出裁决。地震行政复议机关无故不在法定期限内作出决定的，则构成行政复议不作为；同时，在法定复议期限内，申请人不得就同一行政争议向人民法院提起行政诉讼。

九、地震行政复议审理

（一）审理方式与期限。地震行政复议一般以书面审理为主，其他审理方式为辅。地震行政复议机关负责法律事务的部门应当自地震行政复议申请受理之日起7日内，向被申请人送达申请书副

本，被申请人应在收到申请书副本或申请笔录复印件之日起 10 日内，提出书面答复，并提交作出具体行政行为的证据、依据和其他有关材料。地震行政复议机关应当在受理地震复议申请之日起 60 日内作出复议决定。

（二）审理依据争议处理。申请人在地震行政复议申请时对有关地震规范性文件一并提出审查申请的，或者地震行政复议机关对被申请的具体行政行为进行审查时发现具体地震行政执法行为的依据不合法，如复议机关有权处理，则应在 30 日内依法处理；如果无权处理，则应当在 7 日内依法定程序将该依据转送有权处理的国家机关依法处理；该有权处理的行政机关应当在 60 日内依法作出处理决定。在对行政规范性文件进行处理期间，地震行政复议机关应当中止对具体行政行为的审查。

（三）举证责任。在地震行政复议过程中，一般由被申请人提供事实依据和法律依据。复议期间，被申请人不得自行向申请人和其他有关组织或个人收集证据。申请人、第三人可以查阅被申请人提出的书面答复、证据、依据和其他有关材料，除涉及国家秘密、商业秘密或者个人隐私外，地震行政复议机关不得拒绝。

（四）地震行政复议中对行政赔偿的调解。在地震行政复议过程中，申请人与被申请人可以就地震行政赔偿问题进行协商、达成协议。赔偿义务机关与赔偿请求人之间就赔偿的方式、数额等在法定范围内进行协商，达成协议的，经双方签字，即具有法律效力。达不成协议的，地震行政复议机关应及时作出行政复议决定。

十、地震行政复议决定

地震行政复议经机关负责人同意或集体讨论通过后，应当及时作出地震行政复议决定，并制作地震行政复议决定书。决定书一经送达，即发生法律效力。行政复议决定一般有以下几种类型：

（一）维持决定。地震行政复议机关经复议审查后认为被申请的具体行政行为事实清楚，证据确凿，适用依据正确，程序合法，内容适当的，依法作出维持决定。

（二）履行决定。地震行政复议机关经复议审查后认为被申请人不履行法定职责的，决定其在一定期限内履行。

（三）撤销、变更和确认违法决定。地震行政复议机关经复议审查后认为地震具体执法行为有主要事实不清、证据不足的，适用依据错误的，违反法定程序的，超越或者滥用职权的，明显不当等情形的，可以决定撤销、变更或确认该行为违法。

（四）驳回复议申请决定。申请人认为地震行政执法机关不履行法定职责而申请复议，地震行政复议机关经复议审查后认为该地震行政执法机关没有相应法定职责或发现该地震行政复议申请不符合法定的受理条件，但已进入复议程序的，应当作出驳回申请人复议申请的决定。

（五）行政赔偿决定。申请人在地震行政复议时一并提出的行政赔偿请求，行政复议机关在对具体行政行为进行行政复议时，应依照《国家赔偿法》一并作出复议决定。申请人在地震行政复议时没有提出行政赔偿请求的，复议机关在决定撤销或者变更罚款等具体行政行为时，可以依法决定行政赔偿。

十一、资料归档

承办地震行政复议案件的行政人员应当自行政复议申请受理之日起，开始进行立卷的准备工作；在地震行政复议过程中，系统收集整理有关文件、文书和其他材料；行政复议案件办结后，应及时整理案件的全部文件、文书和其他材料，在结案后2个月内完成立卷归档工作。

十二、备案

地震行政复议机关应当于地震行政复议案件结案后30日内，分别向上一级地震行政执法机关负责法律事务的部门和本级人民政府司法机构进行备案。

十三、流程图

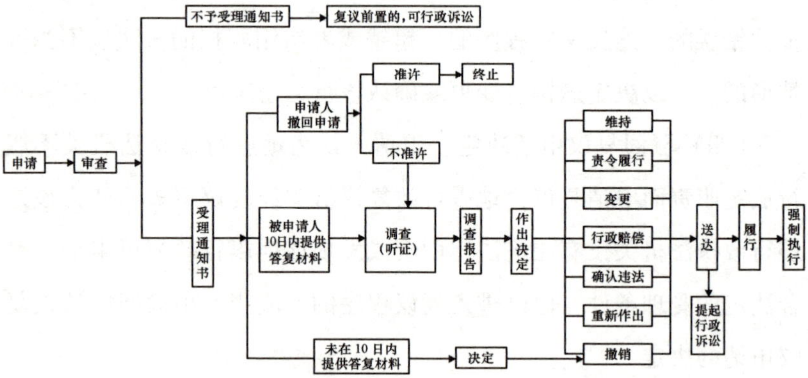

地震行政复议流程图

第九章　地震行政应诉

一、地震行政应诉的概念

地震行政应诉是指在行政诉讼案件中，作为被告的地震行政执法机关积极参加诉讼，履行举证职责，参加开庭审理，发表质证、辩论意见等，并承担相应的法律后果的活动。做好行政应诉工作是地震行政执法机关的法定职责。

二、地震行政应诉的原则

（一）依法应诉原则

被诉地震行政执法机关负责人要带头履行行政应诉职责，积极出庭应诉。不能出庭的，应当委托相应的工作人员出庭，不得仅委托律师出庭。对涉及重大公共利益、社会高度关注或者可能引发群体性事件等案件，以及人民法院书面建议地震行政执法机关负责人出庭的案件，被诉地震行政执法机关负责人应当出庭。经人民法院依法传唤的，地震行政执法机关负责人或者其委托的工作人员不得无正当理由拒不到庭，或者未经法庭许可中途退庭。

（二）及时应诉原则

地震行政执法机关应在法定期限内提出异议或答辩，提供证据及相关材料，参加庭审及各种诉讼活动，提起上诉或申诉，履行判决或裁定，依法实施执行或申请人民法院执行。

（三）平等原则

地震行政执法机关在行政诉讼中与原告的法律地位平等，应当尊重人民法院依法登记立案，积极支持人民法院依法保障公民、法人和其他组织的起诉权利，接受人民法院的法律监督，不得借促进经济发展、维护社会稳定等名义，以开协调会、发文件或者口头要求等任何形式，明示或者暗示人民法院不受理依法应当受理的行政案件，或者对依法应当判决地震行政执法机关败诉的行政案件不判决地震行政执法机关败诉。

三、地震行政应诉的依据

（一）《行政诉讼法》第三条规定："人民法院应当保障公民、法人和其他组织的起诉权利，对应当受理的行政案件依法受理。行政机关及其工作人员不得干预、阻碍人民法院受理行政案件。被诉行政机关负责人应当出庭应诉。不能出庭的，应当委托行政机关相应的工作人员出庭。"

（二）《中共中央关于全面推进依法治国若干重大问题的决定》提出："健全行政机关依法出庭应诉、支持法院受理行政案件、尊重并执行法院生效裁判的制度。"

（三）《国务院办公厅关于加强和改进行政应诉工作的意见》明确要求高度重视行政应诉工作，支持人民法院依法受理和审理行政案件，依法履行出庭应诉职责，认真做好答辩举证工作，配合人民法院做好开庭审理工作，积极履行人民法院生效裁判，强化行政应诉工作监督管理。

（四）《法治政府建设实施纲要（2015—2020年）》要求"支持人民法院依法受理行政案件，健全行政机关依法出庭应诉制度，尊重并执行人民法院生效裁判”。

四、地震行政应诉工作机制

（一）地震行政应诉工作机构

地震行政执法机关负责法律事务的部门承担地震行政应诉的具体工作，地震行政机关的主要负责人承担本部门的应诉工作，履行地震行政应诉职责。地震行政执法机关负责人包括行政机关的正职、副职负责人，以及其他参与分管的负责人。地震行政执法机关负责人有正当理由不能出庭应诉的，应当向人民法院提交情况说明，并加盖地震行政执法机关印章或者由该部门主要负责人签字认可。地震行政执法机关拒绝说明理由的，不发生阻止案件审理的效果，人民法院可以向监察机关、上一级地震行政执法机关提出司法建议。

地震行政机关负责人不能出庭的正当理由包括：

1. 不可抗力；

2. 意外事件；

3. 需要履行他人不能代替的公务；

4. 无法出庭的其他正当事由。

（二）地震行政诉讼代理人

地震行政执法机关负责人出庭应诉的，可以另行委托 1 名至 2 名诉讼代理人，且应当在当事人及其诉讼代理人基本情况、案件由来部分予以列明。地震行政执法机关委托其工作人员出庭应诉的，应当向人民法院提交加盖地震行政执法机关印章的授权委托书，并载明工作人员的姓名、职务和代理权限。

诉讼代理人应当向人民法院提交被诉地震行政执法机关的组织机构代码证、法定代表人身份证明、由被诉地震行政执法机关法定代表人签名或盖章的授权委托书。授权委托书应当载明委托事项和权限。应诉地震行政执法机关委托律师作为诉讼代理人的，委托权限为一般代理，同时必须有地震行政执法机关业务部门或者负责法律事务的部门工作人员作为诉讼代理人共同参加诉讼活动。在行政应诉期间，地震行政执法机关法定代表人更换委托代理人时，应当及时办理委托代理人变更手续并告知人民法院。

（三）地震行政应诉机构职责

地震行政应诉机构和案件负责人围绕涉诉案件，应履行下列职责：

1. 审查案件有关情况，提出由应诉地震行政执法机关负责人或委托代理人出庭应诉的建议；

2. 组织撰写答辩状等；

3. 组织人员出庭应诉；

4. 指导、督促应诉人员全面收集涉案相关证据和法律依据，并在法定期限内向人民法院提交；

5. 在庭审过程中应当就案件情况进行陈述、答辩、提交证据、辩论、发表最后意见，对所依据的规范性文件进行解释说明，负责人出庭应诉的，应当就实质性解决行政争议发表意见；

6. 负责应诉案件材料的立案归档，按照有关规定报备；

7. 根据需要起草应诉工作报告，对行政应诉过程中的情况和问题进行总结分析；

8. 法律、法规和规章规定的其他工作。

五、地震行政应诉准备工作

（一）积极答辩，准备应诉

地震行政执法机关要严格按照《行政诉讼法》的规定，向人民法院提交答辩状，提供作出行政行为的证据和依据。要提高答辩举证工作质量，做到答辩形式规范、说理充分，提供证据全面、准确、及时，不得拒绝或者无正当理由迟延答辩举证。

地震行政执法机关的法定代表人或诉讼代理人在人民法院开庭审理前就被诉具体行政行为合法性、有关证据的保全及有关人员回避等事项进行审查，并作出相应的处理，认真撰写代理词，准备法庭调查辩论的有关材料。

（二）依法申请回避

审判人员有下列情形之一的，地震行政执法机关有权以口头或者书面方式申请回避：

1. 是本案当事人或者当事人、诉讼代理人近亲属的；

2. 与本案有利害关系的；

3. 与本案当事人、诉讼代理人有其他关系，可能影响对案件公正审理的。

地震行政执法机关提出回避申请，应当说明理由，并在案件开始审理时提出；回避事由在案件开始审理后知道的，也可以在法庭辩论终结前提出。

六、地震行政出庭应诉

（一）出庭应诉的一般要求

地震行政执法机关的法定代表人或代理人应按照人民法院通知的时间、地点出庭应诉。要准时出庭，遵守法庭纪律和庭审秩序，着装整洁，举止得体，语言文明规范，尊重法官、人民陪审员、书记员和其他诉讼参与人。因特殊情况不能到庭的，应提前告知人民法院并说明理由，同时依法申请人民法院延期开庭。

（二）应诉重点工作

1. 庭审准备阶段，应诉人员应接受书记员的身份核对，提出回避申请；回避申请未予批准的，可向法院申请复议。

2. 法庭调查阶段，宣读被诉具体行政行为的法律文书，宣读答辩状，回答审判长对双方争议概括的问询。

3. 法庭辩论阶段，对证据的关联性、合法性、真实性，法律依据的准确性及行政执法程序的合法性等方面进行必要的举证、质证，提出申请和要求。

4. 案件评议和宣告判决阶段，陈述最终意见或者补充意见；一审法院宣判后，签收判决书或者裁定书。

七、上诉

地震行政执法机关不服人民法院第一审行政判决的，应在收到判决书之日起 15 日内向上一级人民法院提起上诉。地震行政执法机关不服人民法院第一审裁定的，应在收到裁定书之日起 10 日内向上一级人民法院提起上诉。

地震行政执法机关提出上诉，应当按照其他当事人或者诉讼代表人的人数提出上诉状副本。

八、申诉与抗诉

（一）申诉

地震行政执法机关对人民法院已经发生法律效力的判决、裁定，认为确有错误的，应当向原审人民法院或者上一级人民法院提出申诉；也可以依法向人民检察院申请抗诉或者检察建议。

（二）申请再审

地震行政执法机关对已经生效的判决、裁定或者调解书，可以在6个月内向上一级人民法院提出申请再审。有下列情形之一的，自知道或者应当知道之日起6个月内提出：

1. 有新的证据，足以推翻原判决、裁定的；

2. 原判决、裁定认定事实的主要证据是伪造的；

3. 据以作出原判决、裁定的法律文书被撤销或者变更的；

4. 审判人员审理该案件时有贪污受贿、徇私舞弊、枉法裁判行为的。

地震行政执法机关申请再审的，应当提交再审申请书等材料，并应当按照人民法院的要求补充有关材料，回答有关询问事项。

（三）抗诉申请

有下列情形之一的，地震行政执法机关可以向人民检察院申请抗诉或者检察建议：

1. 人民法院驳回再审申请的；

2. 人民法院逾期未对再审申请作出裁定的；

3. 再审判决、裁定有明显错误的。

九、积极履行人民法院生效裁判

被诉地震行政执法机关要依法自觉履行人民法院的生效判决和裁定。对人民法院作出的责令重新作出行政行为的判决，除原行政行为因程序违法或者法律适用问题被人民法院判决撤销的情形外，不得以同一事实和理由作出与原行政行为基本相同的行政行为。对人民法院作出的继续履行、采取补救措施或者赔偿、补偿损失的判决，要积极履行义务。

十、备案

诉讼程序结束后，地震行政执法机关负责法律事务的部门应将案件材料全部整理归档，并按照要求在法院的终审判决作出之日起30日内，报本级人民政府司法机构和上一级地震行政执法机关负责法律事务的部门备案。备案需要的材料包括：

1. 原地震具体行政行为认定的事实、证据、依据和适用法律程序；

2. 地震行政应诉的过程及结果；

3. 从案件中吸取的经验教训及工作建议；

4. 其他需要报告的重要事项；

5. 原地震行政处理决定文书、行政复议决定书、行政诉讼判决书或裁定书等相关材料。

十一、地震行政应诉工作监督管理

地震行政执法机关要加强对应诉工作的考核，将地震行政执法机关出庭应诉、支持人民法院受理和审理行政案件、执行人民法院生效裁判以及行政应诉能力建设情况纳入依法行政考核体系。要严格落实行政应诉责任追究制度，对于地震行政执法机关干预、阻碍人民法院依法受理和审理行政案件，无正当理由拒不到庭或者未经法庭许可中途退庭，被诉地震行政执法机关负责人不出庭应诉也不委托工作人员出庭，拒不履行人民法院对行政案件的判决、裁定的，由任免机关或者监察机关依照《行政诉讼法》《行政机关公务员处分条例》《领导干部干预司法活动、插手具体案件处理的记录、通报和责任追究规定》等规定，对地震行政执法机关相关责任人员严肃处理。

十二、流程图

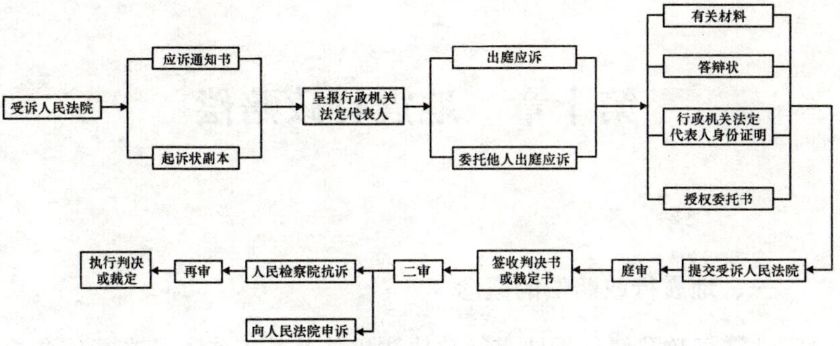

地震行政应诉流程图

第十章　地震行政赔偿

一、地震行政赔偿的概念

地震行政赔偿是指地震行政执法机关及其工作人员在行使职权的过程中，存在法律规定的侵犯公民、法人或其他组织的合法权益的情形，并造成相对人一方的损害后果，由该地震行政执法机关进行的赔偿。

二、地震行政赔偿责任构成要件

1. 违法行为

地震行政执法机关只对其工作人员违法履行职务，造成相对人人身或财产损害的职务行为承担行政赔偿责任；地震行政执法机关或其工作人员实施的与行使职权无关的个人行为，因公民、法人和其他组织自己的行为致使损害发生的，不承担赔偿责任。

2. 损害事实

（1）地震行政执法机关或工作人员造成的损害必须是客观存在的；

（2）地震行政执法机关或工作人员造成的损害必须是特定的；

（3）地震行政执法机关或工作人员造成的损害必须是具体的。

3. 因果关系

（1）损害事实是由地震行政执法机关或工作人员的侵权行为引起的；

（2）地震行政执法机关或工作人员的侵权行为是损害事实发生的直接原因；

（3）地震行政执法机关或工作人员的侵权行为与损害事实之间的因果关系具有客观性。

三、地震行政赔偿请求人

（一）认为地震行政执法机关或其工作人员行政行为侵犯其合法权益的公民、法人和其他组织，是地震行政赔偿的请求人，有权依法向法定行政机关或者人民法院提出行政赔偿请求。

（二）因地震行政执法机关或其工作人员的违法行政行为的侵犯致公民死亡，其继承人和其他有抚养关系的亲属为适格的地震行政赔偿请求人。

（三）因地震行政执法机关或其工作人员的违法行政行为使法人或者其他组织终止的，其权利义务承受人为地震行政赔偿请求人。

四、地震行政赔偿义务机关

地震行政赔偿义务机关是指地震行政执法机关或其工作人员在行使职权时，侵犯了公民、法人或者其他组织的合法权益并造成实际损害，代表国家接受地震行政赔偿请求、支付赔偿费用、参与行政赔偿复议或地震行政赔偿诉讼的主体。

（一）地震行政执法机关及其工作人员违法行使职权，侵犯公民、法人和其他组织的合法权益造成实际损害的，该地震行政执法机关为赔偿义务机关，承担赔偿义务。

（二）地震行政执法机关与其他行政机关共同行使职权时，侵犯公民、法人和其他组织的合法权益造成实际损害的，共同承担行政赔偿义务。地震行政执法机关与非行政机关共同承担赔偿责任时，只有地震行政执法机关所承担的那部分才称之为行政赔偿责任。

（三）地震行政执法机关被撤销的，继续行使其职权的行政机关承担行政赔偿义务；没有继续行使其职权的行政机关的，撤销该地震行政执法机关的行政机关承担赔偿义务。

（四）经复议机关复议的，最初造成侵权行为的地震行政执法机关为赔偿义务机关，承担赔偿义务，但复议机关的复议决定加重损害的，复议机关对加重部分承担赔偿义务。

（五）法律、法规授权的组织在行使地震行政权力时，若对公民、法人和其他组织的合法权益造成损害，被授权的组织为赔偿义务机关。

（六）受地震行政工作主管部门委托的社会组织和个人在行使受委托的行政职权时，侵犯公民、法人和其他组织的合法权益造成损害，委托的行政机关为赔偿义务机关。

五、地震行政赔偿的原则

（一）违法责任原则。地震行政赔偿以地震行政执法人员违法行使职权，且给公民、法人或其他组织的人身和财产造成直接损害为归责标准，而不以地震行政执法机关或其工作人员作出职权行为有无过错为标准。

（二）行政先行处置原则。地震行政赔偿请求人在向人民法院提起行政赔偿之前，应先向地震行政赔偿义务机关要求赔偿，由地震行政赔偿义务机关依法进行处理。对处理结果不服的，再向人民法院提起赔偿诉讼。

（三）便民原则。存在共同行政赔偿义务机关的情况下，赔偿请求权人可以向共同赔偿机关中的任意一个机关要求全部赔偿，该行政赔偿义务机关应当先予赔偿。

六、地震行政赔偿的范围

地震行政赔偿的范围包括地震行政执法机关及其工作人员违法行使职权侵犯公民人身权、财产权、精神性侵权以及国家应当承担行政赔偿责任的其他情形。

（一）侵犯公民人身权的行政赔偿范围

1. 地震行政执法机关或其工作人员在保护地震监测设施和观测环境、地震科学考察时，违法采取限制公民人身自由的行政强制措施的；

2. 地震行政执法机关或其工作人员在保护地震监测设施和观测环境、地震科学考察时，非法拘禁或者以其他方法非法剥夺公民人身自由的；

3. 地震行政执法机关或其工作人员在保护地震监测设施和观测环境、地震科学考察时，以殴打、虐待等行为或者唆使、放纵他人以殴打、虐待等行为造成公民身体伤害或者死亡的；

4. 地震行政执法机关或其工作人员在保护地震监测设施和观测环境、地震科学考察时，违法使用器具造成公民身体伤害或死亡的；

5. 地震行政执法机关或其工作人员造成公民身体伤害或者死亡的其他违法行为。

（二）侵犯财产权的赔偿范围

1. 地震行政执法机关或其工作人员在保护地震监测设施和观测环境、地震应急、地震科学考察中，违法实施罚款、吊销许可证和执照、责令停产停业、没收财物等行政处罚的；

2. 地震行政执法机关或其工作人员在保护地震监测设施和观测环境、地震应急、地震科学考察中，对财产违法采取查封、扣押等行政强制措施的；

3. 地震行政执法机关或其工作人员在保护地震监测设施和观测环境、地震应急、地震科学考察中，违法征收、征用财产的；

4. 地震行政执法机关或其工作人员造成财产损害的其他违法行为。

（三）精神损害的赔偿范围

地震行政执法机关或其工作人员侵犯公民人身权，并致人精神损害的，应当在侵权行为影响的范围内，为受害人消除影响，恢复名誉，赔礼道歉；造成严重后果的，应支付相应的精神损害抚慰金。

（四）国家不承担行政赔偿责任的情形

1. 地震行政执法机关或其工作人员实施的与行使职权无关的个人行为；

2. 因公民、法人和其他组织自己的行为致使损害发生的，国家不承担赔偿责任；

3. 法律规定的其他情形。

七、地震行政赔偿的程序

地震行政赔偿程序是指地震行政赔偿请求人向地震行政赔偿义务机关请求赔偿，或通过人民法院解决行政赔偿纠纷的方法和步骤。地震行政赔偿请求人应先向地震行政赔偿义务机关提出，也可在申请行政复议或提起行政诉讼时一并提出。地震行政赔偿请求人在向地震行政复议机关申请复议或向人民法院提起赔偿诉讼前，地震行政赔偿义务机关与赔偿请求人应当就赔偿事项进行协商，双方就行政赔偿协商不成或赔偿请求权人对赔偿决定不满意的，或地震行政赔偿义务机关逾期不处理的，才能向复议机关申请复议或向人民法院提起行政诉讼。

（一）地震行政赔偿申请程序

1. 地震行政赔偿请求的方式。地震行政赔偿请求人要求赔偿，应当先向赔偿义务机关提出，也可以在申请行政复议或者提起行政诉讼时一并提出。

2. 地震行政赔偿请求的条件

（1）地震行政赔偿请求人的赔偿请求必须是向赔偿义务机关、复议机关或者人民法院提出；

（2）地震行政赔偿请求人具有地震行政赔偿请求权；

（3）地震行政赔偿请求人必须在法定期限内提出请求；

（4）赔偿请求必须属于法律规定的行政赔偿范围。

（二）赔偿义务机关先行处理程序

地震行政赔偿义务机关先行审查处置行政侵权案件，应当遵循下列程序。

1. 赔偿申请

请求人向赔偿义务机关提出赔偿申请，申请书以书面形式为主，也可以口头申请。赔偿申请书应载明受害人的姓名、性别、年龄、工作单位和住所，法人或其他组织的名称、住所和法定代表人或者主要负责人的姓名、职务；载明具体的要求、事实依据和理由；申请的年、月、日。

赔偿请求人请求地震行政赔偿的时效为 2 年，自知道或者应当知道地震行政执法机关及其工作人员行使职权的行为侵犯其合法权益之日起计算。赔偿请求人在赔偿请求时效最后6个月内，因不可抗力或者其他障碍不能行使请求权的，时效中止。

2. 申请审查

地震行政赔偿义务机关在接到赔偿申请书后，应对申请书的形式是否完备、是否属于行政赔偿的范围、申请是否在法定期限内提出以及申请人是否具备申请资格等事项进行审查，并依据具体情况决定受理、要求补充、补正或不予受理并说明理由。

申请人不具备赔偿请求资格的，应当告知由具有赔偿请求人资格的人申请。申请材料不齐全的，当场或者在5日内一次性告知赔偿请求人需要补正的材料；赔偿请求超过2年法定期限的，且没有中止事由的，该请求权灭失，应当告知赔偿请求人不予受理。

3. 赔偿处理

地震行政赔偿义务机关自收到申请之日起2个月内审查并作出是否赔偿的决定；地震行政赔偿义务机关作出赔偿决定的，可以与受害人就赔偿的方式、项目、数额进行协商，制作赔偿决定书，并自作出决定之日起10日内送达赔偿请求人；地震行政赔偿义务机关决定不予赔偿的，应当自作出决定之日起10日内书面通知赔偿请求人，并说明不予赔偿的理由。

（三）地震行政赔偿复议程序

行政复议是解决行政赔偿争议的基本方式，申请人在申请行政复议时，可以一并提出行政赔偿请求。

1. 依申请作出赔偿决定。行政复议机关受理地震行政复议申请人在申请行政复议时一并提出的行政赔偿后，对符合《国家赔偿法》的有关规定应给予赔偿的，在作出撤销、变更具体行政行为或者确认具体行政行为违法之决定时，应当同时作出被申请的赔偿义务机关依法给予赔偿之决定。

2. 依职权作出赔偿决定。地震行政复议申请人在申请行政复议时没有提出行政赔偿请求的，行政复议机关在依法决定撤销或者变更罚款，撤销违法集资、没收财物、征收财物、摊派费用以及对财产的查封、扣押等具体行政行为时，应当同时责令被申请的义务机关返还财产，解除对财产的查封、扣押措施，或者赔偿相应的价款。

行政复议赔偿决定不具有终局性，地震行政复议申请人不服复议赔偿决定的，可以依法提起行政诉讼和行政赔偿诉讼。

（四）地震行政赔偿诉讼程序

地震行政赔偿请求人对地震行政赔偿义务机关的赔偿处理不服的，可以依法向人民法院提起行政赔偿诉讼；或者在提出行政诉讼时一并提起附带行政赔偿诉讼。

1. 请求人提出赔偿请求。地震行政赔偿请求人对地震行政赔偿义务机关决定不赔偿、逾期不予以赔偿或请求人对赔偿的方式、项目、数额有异议的，可以在收到赔偿决定或自赔偿期限届满之日起3个月内，向人民法院赔偿委员会提出行政赔偿请求。

公民、法人或者其他组织在提起行政诉讼的同时一并提出行政赔偿请求的，自知道或应当知道引起赔偿争议的具体行政行为做出之日起6个月内，向有管辖权的人民法院提起行政诉讼。

赔偿请求人单独提起行政赔偿诉讼，应当符合下列条件：

（1）原告具有请求资格；

（2）有明确的被告；

（3）有具体的赔偿请求和受损害的事实根据；

（4）加害行为为具体行政行为，且该行为已被确认为违法；

（5）赔偿义务机关已先行处理或超过法定期限不予处理；

（6）属于人民法院行政赔偿诉讼的受案范围和受诉人民法院管辖；

（7）符合法律规定的起诉期限。

2. 地震行政赔偿诉讼的受理

赔偿请求人单独提起的行政赔偿诉讼，必须以赔偿义务机关先行处理为前提，否则人民法院不予受理。

法律规定由行政机关最终裁决的行政行为，被作出最终裁决的行政机关确认违法，赔偿请求人以赔偿义务机关应当赔偿而不予赔偿或逾期不予赔偿或者对赔偿数额有异议为理由提起行政赔偿诉讼的，人民法院亦应依法受理。人民法院收到原告单独提起的行政赔偿起诉状，应当进行审查，并在7日内立案或者作出不予受理的裁定。当接到行政赔偿起诉状后，在7日内不能确定可否受理的，应当先予受理。审理中发现不符合受理条件的，裁定驳回起诉。

3. 行政赔偿诉讼的审理与判决

人民法院对当事人在提起行政诉讼的同时一并提出行政赔偿请求，或者因具体行政行为以及与行使职权有关的其他行为侵权造成损害一并提出的行政赔偿请求，应当分别立案，根据具体情况可以合并审理，也可以单独审理。

八、地震行政赔偿的方式

（一）赔偿方式

地震行政赔偿主要以采取支付赔偿金为主，恢复原状或返还财产为辅的方式。

（二）计算方式

1. 造成身体伤害的，应支付医疗费、护理费、误工费。误工费，每日赔偿金按国家上年度职工日平均工资计算，不超过上年度平均工资的5倍。

2. 造成部分或全部劳动能力丧失的，应支付医疗费、护理费、残疾赔偿金、残疾生活辅助具费、康复费等因残疾增加的必要支出和继续治疗必须费用。残疾赔偿金，根据丧失劳动能力的程度，按照国家规定的伤残等级确定，部分丧失劳动能力的最高额不超过国家上年度职工年平均工资的10倍，全部丧失劳动能力的最高不超过国家上年度职工年平均工资的20倍。造成全部丧失劳动能力的，对其抚养的无劳动能力的人，还应当支付生活费，其标准参照当地最低生活保障标准执行，被扶养人是未成年人的，生活费给付至18周岁止；被扶养人是其他无劳动能力人的，生活费给付至其死亡时止。

3. 造成死亡的，应支付死亡赔偿金、丧葬费，总额为国家上年度职工年平均工资的20倍。对死者生前抚养的无劳动能力的人，还应当支付生活费，其标准参照当地最低生活保障标准执行，被扶养人是未成年人的，生活费给付至18周岁止，被扶养人是其他无劳动能力人的，生活费给付至其死亡时止。

4. 造成财产损害的，应返还财产，恢复原状，无法恢复原状的、按照损害程度给付相应的赔偿金：

（1）处罚款、罚金、追缴、没收财产或者违法征收、征用财产的，返还财产；

（2）查封、扣押财产的，解除对财产的查封、扣押，造成财产损坏或者灭失的，依法赔偿；

（3）应当返还的财产损坏的，能够恢复原状的恢复原状，不能恢复原状的，按照损害程度给付相应的赔偿金；

（4）应当返还的财产灭失的，给付相应的赔偿金；

（5）财产已经拍卖或者变卖的，给付拍卖或者变卖所得的价款；变卖的价款明显低于财产价值的，应当支付相应的赔偿金；

（6）吊销许可证和执照、责令停产停业的，赔偿停产停业期间必要的经常性费用开支；

（7）返还执行的罚款或者罚金、追缴或者没收的金钱，应当支付银行同期存款利息；

（8）对财产权造成其他损害的，按照直接损失给予赔偿。

5. 造成其他财产损失的，应按照直接损失给予赔偿。

九、支付程序

赔偿请求人凭生效的判决书、复议决定书、赔偿决定书或调解书，向地震行政赔偿义务机关申请支付赔偿金。地震行政赔偿义务机关应当自收到支付赔偿金申请之日起 7 日内，依据预算管理权限向有关财政部门提出支付申请。

十、地震行政追偿

地震行政追偿是指国家在向地震行政赔偿请求人支付赔偿费用后，依法责令具有故意或重大过失的工作人员、受委托的组织或个人承担部分或全部赔偿的法律制度。

地震行政赔偿义务机关行使行政追偿权的条件有：行政赔偿义务机关已经履行了赔偿责任；地震行政执法机关工作人员具有故意或者重大过失。

地震行政赔偿义务机关应当按以下步骤办理追偿事务：查明被

追偿人的过错；听取被追偿人的意见和申辩；决定追偿的金额；执行追偿决定；被追偿人不服追偿决定的，可以依法向上级行政机关或者监察、人事行政机关申诉。

十一、特殊说明

1. 地震行政赔偿费用，列入本级人民政府财政预算；

2. 地震行政赔偿金先由地震行政执法机关先行垫付，再向同级财政申请核拨；

3. 地震行政赔偿请求人要求行政赔偿的，地震行政赔偿义务机关、复议机关不得向地震赔偿请求人收取任何费用；

4. 对地震行政赔偿请求人取得的赔偿金不予征税。

十二、流程图

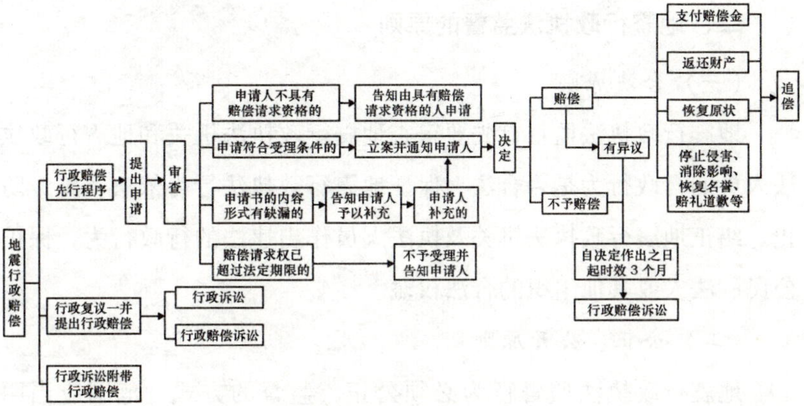

地震行政赔偿流程图

第十一章 地震行政执法监督

一、地震行政执法监督的概念

地震行政执法监督是指上级地震行政执法机关对下级地震行政执法机关、各级地震行政执法机关对所属工作机构及其委托的执法机构，以及县级以上人民政府对同级地震行政执法机关的行政执法行为进行督促、检查与纠正活动。

二、地震行政执法监督的原则

（一）合法原则

地震行政执法监督首先要审查地震行政执法机关和地震行政执法人员的行政行为是否合法，保证地震行政执法行为依法实施，防止、纠正地震行政执法机关及执法人员作出违法的行政行为，保护公民、法人或其他组织的合法权益。

（二）公正、公开原则

地震行政执法监督行为必须公正，监督的方式、范围应当明确、具体，并对监督的结果予以公示。

（三）及时、有效原则

地震行政执法机关作出的执法行为要及时上报，监督机关对执法依据、获取的信息及时、有效地进行监督。监督机关也要对获取信息的可靠性作出审查，以保证监督行为的有效性。

三、地震行政执法监督主体及其职责

（一）地震行政执法监督主体

1. 国家级地震行政执法机关负责法律事务的部门负责本级和全国地震行政执法监督工作的组织与实施；

2. 县级以上地震行政执法机关负责法律事务的部门负责本级和本辖区内地震行政执法监督工作的组织与实施；

3. 县级以上各级人民政府负责本辖区内同级地震行政执法机关的执法监督工作的组织与实施。

本书重点介绍地震行政执法机关的内部监督。

（二）地震行政执法监督机关的职责

1. 制订地震行政执法监督计划和实施办法，确定监督检查的目的、对象、要求、内容、时间、方法和步骤等；

2. 负责地震行政执法检查的组织工作，对国家机关交办或移交的地震行政执法监督事项，组织专项地震行政执法监督检查并报告结果；

3. 审查地震规范性文件的合法性和适当性，受理地震规范性文件的备案；

4. 受理行政复议和承担本部门行政诉讼案件的应诉工作；

5. 审查地震行政执法主体的合法性；

6. 监督具体行政行为的合法性和适当性，组织、指导、参与地震行政执法监督检查，调查违法行政行为案件，纠正违法、不适当的行政行为；

7. 管理、培训地震行政执法人员和行政监督人员，负责地震行政执法人员资格认证和地震行政执法证件监督管理；

8. 建立健全地震行政执法监督档案；

9. 协调处理地震行政机关之间在地震行政执法中产生的争议；

10. 根据公民、法人或者其他组织的举报和新闻媒体反映的情况，组织专项地震行政执法监督检查；

11. 组织实施地震行政执法责任制、地震行政执法评议考核制、地震行政执法过错责任追究制等地震行政执法监督制度；

12. 地震法律法规规定的其他地震行政执法监督任务。

四、地震行政执法监督的方式

地震行政执法机关的执法监督机构通过综合监督、日常监督、专项监督三种方式开展执法监督工作。

综合监督是指上级地震行政执法机关对下级地震行政执法机关行政执法总体情况开展的执法监督。

日常监督是指地震行政执法机关执法监督机构对本单位内设机构、专门执法机构及其执法人员日常执法情况开展的执法监督。

专项监督是指地震行政执法机关执法监督机构针对有关重要执法事项或者执法行为开展的执法监督。

五、地震行政执法综合监督的主要内容

（一）年度行政执法工作计划制度。编制年度行政执法工作要点、行政检查计划，并组织实施。

（二）行政执法公示制度。依法开展行政执法事前、事中、事后公示，按照规定的范围和时限要求，及时更新公示信息。

（三）行政许可办理和监督检查制度。依照法定条件和程序实施行政许可。加强行政许可后的监督检查，依法查处有关违法行为。

（四）行政处罚全过程管理制度。规范现场检查、复查，规范调查取证，严格执行行政处罚听证、审核、集体讨论、备案等规定，规范行政处罚自由裁量，推行监督检查及行政处罚全过程记录，规范行政处罚的执行和结案。

（五）执法案卷评查制度。定期对行政处罚、行政许可等执法案卷开展检查、评分；评查结果在一定范围内通报，针对普遍性问题提出整改措施和要求。

（六）执法统计制度。按照规定的时限和要求，逐级报送行政执法统计数据，加强统计数据的分析运用。

（七）执法人员管理制度。加强行政执法人员培训、考核和教育管理，落实执法人员持证上岗制度。执法人员主动示证、规范文明执法。

（八）行政执法评议考核和奖惩制度。落实行政执法责任制，按年度开展本单位内设机构、专门执法机构及其执法人员的行政执法评议，加强考核结果运用，落实奖惩措施。

（九）行政复议和行政应诉制度。发挥行政复议的层级监督作用，严格依法审查被申请人具体行政行为的合法性、合理性。完善行政应诉工作，地震行政执法机关负责人依法出庭应诉。积极履行人民法院生效裁判。

（十）地震行政执法与刑事司法衔接制度。加强与司法机关的协作配合，执法中发现有关单位、人员涉嫌犯罪的，依法向司法机关移送案件，定期通报有关案件办理情况。

六、地震行政执法日常监督的主要内容

地震行政执法机关应当制订日常监督年度计划，经本单位负责

人批准后组织实施。

日常监督重点对本单位内设机构、专门执法机构及其执法人员严格依照有关法律、法规、规章的要求和程序实施行政许可、行政检查、行政处罚等情况进行监督，确保执法行为的合法性、规范性。

七、地震行政执法专项监督的主要内容

地震行政执法机关对有关机关交办、转办、移送的重要执法事项以及行政相对人、社会公众举报投诉集中反映的执法事项、执法行为，应当开展专项监督。

专项监督由执法监督机构报经本单位负责人批准后开展，并自批准之日起30日内形成专项监督报告。需要延长期限的，应当经本单位负责人批准。

八、地震行政执法监督程序

地震行政执法监督机关监督行政，主要遵循下列程序：

（一）立案

地震行政执法行为涉嫌违法、不当或者不作为的，应当自发现、交办或者受理举报之日起7日内立案调查。

（二）调查

开展地震行政执法监督调查活动时，应由2名以上地震行政执法监督人员参加并出示地震行政执法监督证件开展调查活动。调查处理工作应当在立案之日起2个月内完成，情节复杂或者有其他特殊原因的，经地震行政执法监督机关负责人批准可以适当延长时间，但最长不得超过3个月。

（三）告知

作出监督处理决定前，应当告知被监督地震行政执法主体、地震行政执法人员作出决定的事实、理由、依据和依法享有的权利，并充分听取被监督主体和人员的陈述和申辩。

（四）决定

作出地震行政执法监督处理决定，应当制作地震行政执法监督处理决定书。处理决定书应当载明以下内容：

1. 被监督对象的名称；

2. 认定的事实和理由；

3. 处理的决定和依据；

4. 执行处理决定的方式和期限；

5. 作出处理决定的机关名称和日期，并加盖印章。

（五）复查

被监督的地震行政执法机关及地震行政执法人员对地震行政执法监督处理决定不服的，可以在收到处理决定之日起30日内向作出处理决定的地震行政执法监督机关申请复查。

九、地震行政执法监督结果及其处理

（一）作出的具体行政行为不合法、不适当的，上级地震行政执法机关应当责令限期改正；逾期不改正的，上级地震行政机关予以变更或撤销。

（二）不履行法定职责的，上级地震行政执法机关或者负责法律事务的部门应当督促其履行，仍不履行的，上级或本级地震行政执法机关应当依法追究有关行政负责人和其他直接责任人的行政责任。

（三）对国家权力机关、人民政府交办的地震行政违法案件和群众举报或者通过其他途径获知的行政违法行为，地震行政执法机关应当认真审查，属于自己管辖的，应当及时立案；属于上级地震行政执法机关管辖的，应当及时移送；属于下级地震行政执法机关管辖的，应当及时督促其依法查处。负责办案的地震行政执法机关应当在案件处理后 30 日内将处理情况报告督办机关。

（四）公民、法人或者其他组织对地震行政执法机关和地震行政执法人员作出的具体行政行为不服，提出申诉或检举的，上级地震行政执法机关应当认真审查；发现具体行政行为确有错误的，由上级地震行政执法机关责令下级地震行政执法机关改正、变更或者予以撤销。

（五）违反地震行政监督，造成不良后果或者影响，情节较轻的，由上级地震行政执法机关责令限期改正；情节严重的，依法追究单位主管人员和直接责任人员的行政责任。

（六）在地震行政执法监督工作中成绩显著的，由本级地震行政执法机关或者上级地震行政执法机关给予表彰或者奖励。

十、流程图

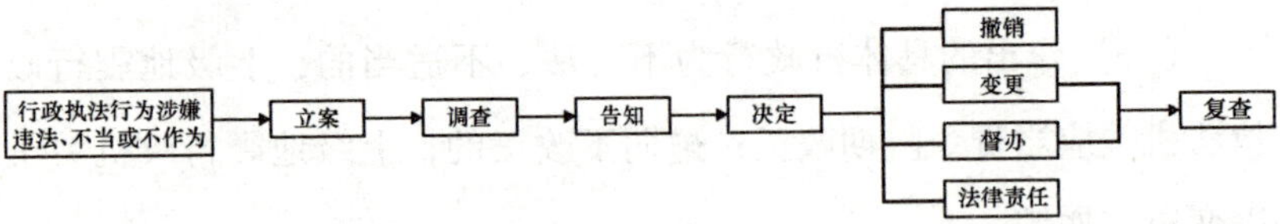

行政执法监督流程图

第十二章　地震行政执法责任

一、地震行政执法责任概述

（一）地震行政执法责任的概念

地震行政执法责任是指在地震行政执法过程中，地震行政执法机关、地震行政执法工作人员及公民、法人或其他组织因违反地震行政法律义务，实施违法行为而应当承担的否定性法律后果。

（二）地震行政执法责任的特点

1. 法定性。地震行政执法责任是行政法律关系主体违反地震行政法律义务的后果，违反民事法律义务或其他行政法律义务的行为都不构成地震行政执法责任，地震行政执法责任的种类、幅度由《防震减灾法》等法律规定，而不能由当事人约定。

2. 行政性。地震行政执法责任所针对的违反地震行政法律义务的行为没有超出行政法规定的违法限度，因而适用行政法上的制裁措施。

3. 国家性。地震行政执法责任的责任措施是由行政违法行为实施者向国家承担的责任，而不是向公民个人或其他组织承担的责任；只能由有关的国家机关依照行政法（包括实体法和程序法）规定的条件和程序予以追究。

4. 惩戒性。地震行政执法责任对于责任承担者来说，是一种否定性的评价，是体现社会谴责和国家惩罚性的一种法律上的负担。

（三）地震行政执法责任的功能

1. 惩戒功能。惩戒功能一般是通过法律责任的承担从而对责任主体进行惩罚来发挥的。

2. 补偿功能。补偿功能是指国家强制责任主体赔付损失，救济受害主体，恢复受侵害者的权利。

3. 预防功能。预防功能是指通过强制责任人补偿其所造成的损害，对责任人进行严厉制裁等一系列不利后果的承担，教育、引导、威慑责任人及其他社会成员遵守法律，理性选择行为。

（四）地震行政执法责任分类

1. 根据地震执法行政责任主体不同，地震行政执法责任分为行政机关的行政法律责任、国家行政工作人员的行政法律责任、行政受托人的行政法律责任、相对人的行政法律责任。行政机关、国家行政工作人员和行政受托人的行政责任形式是行政处分和行政损害赔偿；相对人的行政责任形式是行政处罚。

2. 根据地震违法行为的法律性质和责任承担方式，地震行政执法的法律责任可分为民事责任、刑事责任、行政责任和国家赔偿责任。地震行政执法行政责任包括行政处分、行政处罚和行政赔偿。

二、地震行政执法行政处分

（一）概念

地震行政执法行政处分又称为行政处分，是指地震行政执法机关内部上级对下级、国家监察机关、人事部门按照行政隶属关系，依照地震法律、法规和规章，对地震行政执法中有违法、失职行为的行政执法人员依法给予的一种惩罚措施或法律制裁，包括警告、记过、记大过、降级、撤职、开除。行政处分是给在工作中违法失职的公务员实行的惩处和制裁，是对国家公务员的过错行为的一种否定和惩戒，使之受到抑制和消除，对未受到惩戒的国家公务员，有着规范和警戒作用，也是被处分人行政责任的体现形式之一。

（二）地震行政处分的基本原则

1. 依法处分。地震行政执法人员依法履行职责受法律保护，非因法定事由、非经法定程序，不受行政处分。地震行政处分的法律法规依据有：《监察法》《公务员法》《防震减灾法》《公职人员政务处分法》《行政机关公务员处分条例》等。

2. “谁任免，谁处分”。地震行政执法人员任免机关、单位应当按照管理权限，加强对地震行政执法人员的教育、管理、监督，依法给予违法的公职人员处分。

3. 公正、公平，宽严相济。给予地震行政执法人员行政处分，坚持党管干部原则，集体讨论决定；坚持法律面前一律平等，以事实为根据，以法律为准绳，给予的行政处分与违法行为的性质、情节、危害程度相当；坚持惩戒与教育相结合，宽严相济。

4. 客观准确，程序正当。给予地震行政执法人员行政处分，应当事实清楚、证据确凿、定性准确、处理恰当、程序合法、手续完备。

（三）行政处分的种类及期限

1. 警告，期限 6 个月；

2. 记过，期限 12 个月；

3. 记大过，期限 18 个月；

4. 降级，期限 24 个月；

5. 撤职，期限24个月；

6. 开除。

行政处分决定自作出之日起生效，行政处分的期限自行政处分决定生效之日起计算。

（四）地震执法违法行为及其行政处分

1. 地震行政执法人员在行政执法中有下列行为之一的，予以警告、记过或者记大过；情节较重的，予以降级或者撤职；情节严重的，予以开除：

（1）贪污贿赂的；

（2）利用职权或者职务上的影响为本人或者他人谋取私利的；

（3）纵容、默许特定关系人利用本人职权或者职务上的影响谋取私利的。

2. 有下列行为之一，情节较重的，予以警告、记过或者记大过；情节严重的，予以降级或者撤职：

（1）违反规定向管理服务对象收取、摊派财物的；

（2）在管理服务活动中故意刁难、吃拿卡要的；

（3）在管理服务活动中态度恶劣粗暴，造成不良后果或者影响的；

（4）不按照规定公开工作信息，侵犯管理服务对象知情权，造成不良后果或者影响的；

（5）其他侵犯管理服务对象利益的行为，造成不良后果或者影响的。

其中第一项、第二项、第五项行为，情节特别严重的，予以开除。

3. 有下列行为之一，造成不良后果或者影响的，予以警告、记过或者记大过；情节较重的，予以降级或者撤职；情节严重的，予以开除：

（1）滥用职权，危害国家利益、社会公共利益或者侵害公民、法人、其他组织合法权益的；

（2）不履行或者不正确履行职责，玩忽职守，贻误工作的；

（3）工作中有形式主义、官僚主义行为的；

（4）工作中有弄虚作假，误导、欺骗行为的；

（5）泄露国家秘密、工作秘密，或者泄露因履行职责掌握的商业秘密、个人隐私的。

4. 地震行政执法人员犯罪，有下列情形之一的，予以开除：

（1）因故意犯罪被判处管制、拘役或者有期徒刑以上刑罚（含宣告缓刑）的；

（2）因过失犯罪被判处有期徒刑，刑期超过 3 年的；

（3）因犯罪被单处或者并处剥夺政治权利的。

因过失犯罪被判处管制、拘役或者 3 年以下有期徒刑的，一般应当予以开除；案件情况特殊，予以撤职更为适当的，可以不予开除，但是应当报请上一级机关批准。地震行政执法人员因犯罪被单处罚金，或者犯罪情节轻微，人民检察院依法作出不起诉决定或者人民法院依法免予刑事处罚的，予以撤职；造成不良影响的，予以开除。

（五）地震行政处分适用的裁量情节

1. 地震行政执法人员有下列情形之一的，可以从轻或者减轻给予行政处分；情节轻微的，可以对其进行谈话提醒、批评教育、责令检查或者予以诫勉，免予或者不予行政处分；因不明真相被裹挟或者被胁迫参与违法活动，经批评教育后确有悔改表现的，可以减轻、免予或者不予行政处分。

（1）主动交代本人应当受到行政处分的违法行为的；

（2）配合调查，如实说明本人违法事实的；

（3）检举他人违纪违法行为，经查证属实的；

（4）主动采取措施，有效避免、挽回损失或者消除不良影响的；

（5）在共同违法行为中起次要或者辅助作用的；

（6）主动上交或者退赔违法所得的；

（7）法律、法规规定的其他从轻或者减轻情节。

2. 地震行政执法人员有下列情形之一的，应当从重给予行政处分：

（1）在行政处分期内再次故意违法，应当受到行政处分的；

（2）阻止他人检举、提供证据的；

（3）串供或者伪造、隐匿、毁灭证据的；

（4）包庇同案人员的；

（5）胁迫、唆使他人实施违法行为的；

（6）拒不上交或者退赔违法所得的；

（7）法律、法规规定的其他从重情节。

（六）给予地震行政执法人员行政处分的具体情形

1. 在地震行政许可时有下列行为之一的，依法给予行政处分：

（1）对符合法定条件的行政许可申请不予受理的；

（2）未依法说明不受理行政许可申请或者不予行政许可理由的；

（3）依法应当公开行政许可事项和申请所需材料而不公开的；

（4）无法定依据实施行政许可或者超越法定权限作出行政许可决定的；

（5）超过法定期限或者违反法定程序实施行政许可的；

（6）违法收取费用的；

（7）行政许可后续监管不到位，造成严重后果的；

（8）其他违法实施行政许可的。

2. 在地震行政检查时有下列行为之一的，依法给予行政处分：

（1）无法定依据或者超越法定权限实施检查的；

（2）无具体理由、事项、内容实施检查或者不出示法定行政执法证件实施检查的；

（3）违反法定程序实施检查的；

（4）放弃、推诿、拖延、拒绝履行检查职责的；

（5）对发现的违法行为不制止、不纠正的；

（6）其他违法实施行政检查的。

3. 在地震行政处罚时有下列行为之一的，依法给予行政处分：

（1）没有法律或者事实依据实施行政处罚的；

（2）未按法定程序实施行政处罚的；

（3）指派不具备法定行政执法资格的人员实施行政处罚的；

（4）擅自设立处罚种类或者改变处罚幅度、范围的；

（5）违反“罚缴分离”规定，擅自收取罚款的；

（6）对当事人进行罚款、没收财物等行政处罚不使用法定单据的；

（7）依法应当移送司法机关处理而不移送的；

（8）其他违法实施行政处罚的。

4. 在地震行政复议时有下列行为之一的，依法给予行政处分：

（1）对符合法定条件的行政复议申请不予受理的；

（2）不依法转送行政复议申请的；

（3）不在法定期限内作出行政复议决定的；

（4）作出违法或者不当的行政复议决定的。

5. 在履行其他地震管理行政职责时有下列情形之一的，应当依法给予行政处分：

（1）违法设定公民、法人或者其他组织义务的；

（2）依法应当履行公民、法人或者其他组织申请保护其人身权、财产权等法定职责而拒绝或者延迟履行的；

（3）侵犯公民、法人或者其他组织的合法经营自主权的；

（4）侵犯公民、法人或者其他组织的其他合法权益的；

（5）在实施行政许可、行政处罚和行政强制等过程中，应当依法举行听证而未举行听证或者应当履行法定告知义务而未履行的。

（七）地震行政执法行政处分的程序

1. 立案调查。监察部门或地震行政执法机关对本单位涉嫌违法的地震行政执法人员进行初步调查和立案，应当由 2 名以上办案人员进行；调查时，有权依法向有关单位和个人了解情况，收集、调取证据；有关单位和个人应当如实提供情况。严禁以威胁、引诱、欺骗及其他非法方式收集证据；以非法方式收集的证据不得作为给予行政处分的依据。

2. 陈述申辩。作出行政处分决定前，处分机关应当将调查认定的违法事实及拟给予行政处分的依据告知被调查人，听取被调查人的陈述和申辩，并对其陈述的事实、理由和证据进行核实，并记录在案。被调查人提出的事实、理由和证据成立的，应予采纳。不得因被调查人的申辩而加重行政处分。

3. 决定的作出。调查终结后，调查机关应当根据下列不同情况，分别作出处理：

（1）确有应受行政处分的违法行为的，根据情节轻重，按照行政处分决定权限，履行规定的审批手续后，作出行政处分决定；

（2）违法事实不能成立的，撤销案件；

（3）符合免予、不予行政处分条件的，作出免予、不予行政处分决定；

（4）被调查人涉嫌其他违法或者犯罪行为的，依法移送主管机关处理。

行政处分决定书应当载明下列事项：

（1）被处分人的姓名、工作单位和职务；

（2）违法事实和证据；

（3）行政处分的种类和依据；

（4）不服行政处分决定，申请复审、复核的途径和期限；

（5）作出行政处分决定的机关名称和日期。

决定对地震行政执法人员给予处分、免予处分、解除处分或者决定撤销案件，均须由本级地震行政执法机关领导成员集体讨论决定；行政处分决定书应当盖有作出决定的机关的印章。

4. 通知与备案。行政处分决定书应当及时送达被处分人和被处分人所在机关、单位，并在一定范围内宣布。作出行政处分决定后，处分机关应当根据被处分人的具体身份书面告知相关的机关、单位。处分决定和解除处分决定均应报组织、人事部门备案。

5. 决定和生效。给予地震行政执法人员处分，应当自批准立案之日起 6 个月内作出决定；案情复杂或者遇有其他特殊情形的，办案期限可以延长，但是最长不得超过 12 个月。处分决定和解除处分的决定，自决定作出之日起生效。

(八) 地震行政执法行政处分的救济

地震行政执法人员对涉及本人的行政处分不服的，可以自知道该行政处分之日起 30 日内向原处理机关申请复核；对复核结果不服的，可以自接到复核决定之日起 15 日内，按照规定向同级公务员主管部门或者作出该人事处理的机关的上一级机关提出申诉；也可以不经复核，自知道该人事处理之日起 30 日内直接提出申诉；对省级以下机关作出的申诉处理决定不服的，可以向作出处理决定的上一级机关提出再申诉。

三、地震行政执法的民事责任

地震行政执法的民事责任是指地震行政执法机关的具体执法行为既违反了地震法律法规和规章，又违反了民事法律规范所应承担的法律后果。地震行政执法民事责任包含两类：第一类是地震行政执法机关及其工作人员所承担的民事责任；第二类是公民、法人或其他组织所承担的民事责任。公民、法人或其他组织因下列行为造成损害的应当承担地震民事责任：

1. 侵占、损毁、拆除或者擅自移动地震监测设施的；
2. 危害地震观测环境的；
3. 破坏典型地震遗址、遗迹的；
4. 建设单位从事建设活动时，未按照要求增建抗干扰设施或者新建地震监测设施，对地震监测设施或者观测环境造成伤害的。

地震执法民事法律责任的形式主要是恢复原状和依法赔偿损失。

四、地震行政执法的刑事责任

地震行政执法刑事责任是指地震执法行为既违反了地震法律、法规和规章，又构成犯罪而应当承担的惩罚性法律后果。地震执法刑事责任主要有两类：第一类是地震行政执法机关及其执法人员所承担的刑事法律责任；第二类是公民、法人或其他组织所承担的刑事法律责任。地震行政执法机关及其执法人员所涉刑事责任主要是职务犯罪，其中主要有滥用职权罪、玩忽职守罪、徇私舞弊罪、贪污罪、受贿罪、挪用公款罪等；公民、法人或其他组织涉嫌的地震犯罪行为主要有破坏地震监测设施、危害观测环境或妨害防震减灾公共事务，包括盗窃罪、抢劫罪、危害公共安全罪、妨害公务罪等。

第十三章　地震行政执法文书格式和归档管理

一、地震行政执法文书概述

（一）地震行政执法文书的概念

地震行政执法文书是指地震行政执法机关根据法律法规的内容和程序制作的具有法律效力或法律意义的反映行政程序合法与否的有特定格式要求的文书总称。

地震行政执法文书是执法文书在执法活动中的效能体现，是地震行政执法机关实施法律的工具，是地震行政执法机关履行执法职责的凭证、执法活动的记录、文明执法的直接体现。

（二）地震行政执法文书的特点

1. 合法性。制作地震行政执法文书必须严格依据地震法律、法规和规章的规定，按照不同的执法需求、要求和时限进行制作。执法文书的制作主体只能是地震行政执法机关。

2. 规范性。地震行政执法文书包括执法依据、事实和理由、证据、执法决定等内容，一般采用格式化文书，由上级地震行政执法机关统一制作，下级执法主体直接适用。在大数据发展的背景下，地震行政执法机关也在逐渐实现线上执法，采用“互联网＋系统”统一输入执法要素，自动产生并保存法律文书。

3. 准确性。地震行政执法体现的是地震行政执法机关的管理职能，执法文书在语言文字的运用上要准确、适当，不能模棱两可，似是而非，要准确表达。

4. 确定性。地震行政执法文书一经制作完毕、送达，非经法定程序不得变更或撤销。

（三）地震行政执法文书的重点

1. 地震行政执法文书的制作主体是有实施地震行政处罚权的地震行政执法机关；

2. 地震行政执法文书的适用范围是在具体的地震行政执法活动中；

3. 地震行政执法文书的制作必须严格按照地震法律、法规、规章的规定制作；

4. 地震行政执法文书必须具有法律效力和法律意义。

（四）地震行政执法文书的种类

1. 内部文书和外部文书。内部文书是指在地震行政执法活动过程中，地震行政执法机关认为因行政管理活动需要而制作的内部运转的书面文件。如立案审批表、案件处理意见书、重大案件集体讨论记录、重大案件法制审核意见、结案报告等。

外部文书是指地震行政执法机关在具体地震行政执法活动中制作的，涉及当事人权利、义务或调查取证过程中涉及自然人、法人或其他组织的文书。如调查笔录、勘验笔录、行政处罚决定书、责令停止违法行为通知书等。

2. 笔录式文书和填入式文书。笔录式文书主要用于详细记录当事人陈述、调查笔录、勘验笔录等。填入式文书的格式相对固定，如责令停止违法行为通知书、行政处罚决定书等，这类文书在制作过程中只需要按照实际需求在空白处填写即可。

二、地震行政执法文书的制作

（一）地震行政执法文书的版面纸张

地震行政执法文书应使用 A4 纸型，其成品幅面尺寸为：210mm×297mm；天头（上白边）为 37mm±1mm；订口（左白边）为 28mm±1mm；版心尺寸为 156×225mm（不含页码）。

（二）有发文字号的地震行政执法文书制作格式

1. 首部

在版面上边缘下 25mm 处标示地震行政执法机关全称，第二行标识文书名字；地震行政执法机关全称和文书名称居中排列；地震行政执法机关全称和文书名称用黑色标识，地震行政执法机关字号推荐用小初号宋体并加粗，文书名称字号推荐用初号宋体并加黑；发文字号由发文机关代字、事由代字、年份和序号组成。发文机关代字、事由代字与年份用“发”字连接起来；文书名称标识下空 2 行标示发文字号，用 3 号仿宋体，居中排布；年份、字号用阿拉伯数码标识；年份标全称，用六角括号“〔〕”括入，序号不编虚位；文书如果是上行文，按照党政机关公文处理办法中的规定的上行文格式制作。

2. 正文

正文在发文字号下空 2 行，用 3 号仿宋标识，每自然段左空 2 字，回行顶格。数字年份不能回行。应当使用国家法定计量单位；数字，除部分结构层次序数和词、词组、惯用语、缩写语，具有修饰色彩语句中作词素的数字必须使用汉字外，应当使用阿拉伯数字。

3. 尾部

文书在落款处不署发文机关名称，只标识成文日期；成文日期用阿拉伯数字标识，年、月、日用汉字标全；成文日期右空 4 字；加盖印章上边距正文 1 行之内，端正、居中下压成文日期，印章用红色；印章下弧无文字时可采用下套方式、印章下弧有文字时可采用中套方式；如有附件，在正文下空 1 行左空 2 字用 3 号仿宋标注“附件”，后标全角冒号和名称，附件有序号用阿拉伯数字标识并和正文一起装订，附件顺序不得交叉；文书如有附注，用 3 号仿宋字体，居左空 2 字加圆括号标识，在成文日期下 1 行，“附注”二字不标识。

三、地震行政执法文书的归档管理

（一）地震行政执法机关在整个行政执法中所产生的行政执法文书，在行政程序结束后，应及时整理（立卷）、归档。

（二）归档范围内的文书，应根据其相互联系、相互印证等整理（立卷）。保证归档文书齐全、完整。能正确反映具体行政行为的合法性。

（三）地震行政执法文书被撤销，视为没有产生；地震行政执法文书被废止，自废止之日起不产生效力。

（四）归档整理单位，凡归档以一个行政案件或一个具体行政行为所产生的所有文书为一卷。

（五）归档文书装订。

1. 凡归档文书统一按卷进行装订，包括案卷封面，卷内目录，行政处罚决定书、重大执法集中审核意见书等，立案审批表，现场笔录、询问笔录、勘验（检查）笔录等，违法行为调查报告、违法行为通知书，听证会通知书、听证公告、听证笔录、听证报告书等，送达回执等，行政处罚结案报告，备考表。不能随文书装订立卷的录音、录像等证据材料应转入证据袋中，并注明录像内容、数量、时间、地点、制作人等，随卷归档。当事人申请行政复议和提起行政诉讼或者行政机关申请人民法院强制执行的卷宗，可以在案件办结后放原卷归档。

2. 装订前保证完整齐全，剔除多余的、重复的文书和不必要的附件。

3. 装订顺序。决定类、通知类、审批类等有发文字号的文书连同底稿放在前面，紧接着是笔录类和清单类等文书，最后是当事人申请书等及相关证据材料。

证据材料要环环相扣、互相印证，不能割裂证据链的顺序。

执法案卷装订应当整齐、美观、固定、不松散。地震行政执法人员在完成档案立卷后，及时移交档案管理部门；案卷归档后，不得私自增加或者抽取案卷材料，不得修改案卷内容。

4. 排列编页码。文书按要求装订、分类、排列完毕后，从前往后进行编页码，每卷均以“1”开始逐渐流水编码。

填写地震行政执法案卷目录：

（1）序号，以“1”开始流水填写；

（2）文书名称，照录每份文书名称，不得省略和变更。无标题或标题不能揭示文书内容的文书，要自拟题目填写，外加六角括号“〔〕”以示自拟。

（3）页次，每份文书第一的页码。

（4）备注，必要时简要注释文书需要说明的某一特殊情况（如复制、修补、复印件等）。

卷皮应使用较为柔软的牛皮纸，幅面尺寸为297mm×340mm（高×宽）。保管期限应不少于5年。

5. 归档号，从“1”开始逐渐流水编号。

（六）编制归档案卷目录。

1. 填写归档案卷目录登记表。

（1）序号。从“1”开始逐渐流水编号。

（2）案由。地震行政执法案件或具体行政行为的缘由（如行政处罚、行政许可等)。

（3）责任者。具体承办地震行政案件的行政执法人员的姓名（有几人填几人，负责者填在前面)。

（4）结果。是否已结案，未结案的填写其原因。

（5）日期。某个地震行政案件开始到结束的时间（具体行政行文开始时间，作出决定时间)。如 2020 年 3 月 5 日，标注为 20200305。

（6）备注。需要特别说明的问题。

2. 归档目录封面。

选用牛皮纸；天头 80mm 处居中印制“归档案卷目录”字样，字高 20mm，字宽 13mm；从牛皮纸地头向上 100mm 处，从上到下分别与“归档案卷目录”的“归”字左移 2 字印制“全宗名称、年度、保管期限”等字样，为 3 号小标宋。全宗名称后标全角冒号，填写行政主体全称；年度后标全角冒号，用阿拉伯数字填写归档年度；保管期限后标全角冒号，不少于 5 年。将归档案件目录封面与归档案件目录登记表一起缀订，以便查阅，一般一年缀订一本。

（七）执法案卷的移交登记。

地震行政执法档案应由本单位档案管理机构统一管理，任何部门和个人不得据为己有。办案人员应在每年 1 月底前，将上一年度已办结的案件档案移交本单位档案室集中统一保管。移交前应由档案管理人员对案卷内材料进行清点接收，并办理移交手续。不符合要求的，退回办案人员重新整理后归档。

（八）保密借阅。

对于涉及国家秘密、商业秘密或个人隐私的案卷，办案人员在进行案卷移交时，应向档案管理人员说明。档案管理人员必须严格遵守保密制度，不得违反规定向他人提供案卷或扩大利用范围，不得向他人透漏案卷内容。案卷的借阅须严格遵守审批制度、履行审批手续。借阅人不得涂改、增删、污损、毁灭案卷。

附录一：行政许可常用文书格式

地震行政许可申请书

申请人：____________①____________

被申请人：____________②____________

行政许可事项申请请求：________③________。

事实和理由：____________④____________

____________________________________。

附件：1. ____________⑤____________

2. ____________⑥____________

共计______份，__________页

____年___月___日（签字或盖章）

制作说明：

1. 申请人是公民的在①填写姓名、性别、年龄、民族、籍贯、工作单位、职务；申请人是法人或其他组织的在①填写法人或其他组织的名称、地址、法人代表姓名、职务、联系方式。

2. 在②填写被申请人名称、地址、法人代表姓名、职务、联系方式。

3. 在③填写地震行政许可事项的名称、许可的范围、许可的数量、许可的期限。

4. 在④填写申请准予许可的事实和理由。

5. 在⑤⑥写明所附材料名称；所附材料有多项时，按顺序列明。

地震行政许可申请受理通知书

________①________：

____②____于____年___月___日向本机关提出____③____行政许可申请，根据《行政许可法》第三十二条第五项规定，现决定予以受理。

____年___月___日（盖章）

制作说明：

1. 申请人是公民的，在①填写公民的姓名，在②填写“你”；申请人是法人或其他组织的，在①填写法人或其他组织的名称，在②填写“你单位”。

2. 在③填写地震行政许可事项名称。

地震行政许可不予受理通知书

________①________：

___②___于____年___月___日以_____③_____向本行政机关提出的_____④_____地震行政许可申请，经本地震行政机关审查认为，该申请事项_____⑤_____。根据《行政许可法》第三十二条第_____⑥_____项规定，现决定不予受理，____⑦____可以_______⑧_______。

____年___月___日（盖章）

制作说明：

1. 申请人是公民的，在①填写公民的姓名；申请人是法人或其他组织的填写名称。

2. 申请人是公民的在②、⑦填写“你”；申请人是法人或其他组织的在②、⑦填写“你单位”。

3. 在③填写提出地震行政许可申请的方式。如“信函”“电子邮件”等。

4. 在④填写地震行政许可事项名称。

5. 在⑤填写“依法不属于取得行政许可”时，在⑥填写“一”，在⑧填写“直接从事该活动”；在⑤填写“依法不属于本行政机关职权范围”时，在⑥写“二”，在⑧填写应当提出申请的机关的全称。

准予地震行政许可决定书

申请人：＿＿＿＿＿①＿＿＿＿＿

申请行政许可事项：＿＿＿＿＿＿＿＿＿＿＿＿＿＿。

申请的理由和依据：＿＿＿＿＿＿＿＿＿＿＿＿＿＿。

申请人于＿＿＿年＿＿月＿＿日向本机关提出＿＿②＿＿地震行政许可之申请，经审查，本机关认为：申请人的申请材料齐全，符合法定条件、标准和法定的形式，根据《行政许可法》第十二条、第五十六条规定，决定如下：＿＿＿＿③＿＿＿＿。

＿＿＿年＿＿月＿＿日（盖章）

制作说明：

1. 申请人是公民的，在①填写姓名、性别、年龄、民族、籍贯、工作单位及职务、住址、联系方式等；申请人是法人或其他组织的，在①填写法人或其他组织的名称、地址，法定代表人或负责人姓名及职务、联系方式等。

2. 在②填写地震行政许可事项名称。

3. 在③填写地震许可的事项、许可的范围、许可的数量、许可的期限等。

附录二：行政检查常用文书格式

地震行政检查告知书

_____①_____：

根据《中华人民共和国防震减灾法》《××省防震减灾条例》等规定，现对你（单位）实施行政检查，并将有关事项告知如下：

检查内容：__________②__________。

检查方式：__________③__________

检查人员：__________④__________

执法证件编号：____________________

检查要求：__________⑤__________。

检查单位（盖章）：

行政执法人员（签字）：

制作说明：

1. 被检查对象是公民的，在①填写公民的姓名；被检查对象是法人、其他组织的，在①填写名称。

2. 在②填写地震行政检查具体内容。

3. 在③填写地震行政检查具体方式。

4. 在④填写地震行政检查参加人员的姓名、职务以及联系方式。

5. 在⑤填写地震行政检查具体要求。

地震行政检查记录

检查时间：______年____月____日至______年____月____日

检查地点：____

检查人：________________工作单位：____________________

地震行政执法证件编号：______________________________

被检查对象：____

住址：____

检查内容：____。

检查过程及情况：______________________________________。

检查人（签名）：

记录人（签名）：

被检查对象（签名）：

见证人（签名）：

______年____月____日

地震行政检查整改通知书

＿＿＿①＿＿＿：

＿＿②＿＿于＿＿＿年＿＿月＿＿日至＿＿＿年＿＿月＿＿日，依法对＿＿＿③＿＿＿的＿＿＿④＿＿＿进行了地震行政检查。

经过检查，本机关认为，＿＿⑤＿＿的＿＿⑥＿＿存在下列问题：＿＿＿。

请＿＿⑦＿＿针对上述问题，采取措施，尽快解决。

＿＿＿年＿＿月＿＿日（盖章）

制作说明：

1. 被检查对象是公民的，在①填写姓名，在③、⑤、⑦填写“你”；被检查对象是法人及其他组织的，在①填写名称，在③、⑤、⑦填写“你单位”。

2. 在②填写地震行政机关全称。

3. 在④、⑥填写地震行政检查的具体内容。

附录三：行政处罚常用文书格式

地震行政处罚立案审批表

编号：

<table>
<tr><td colspan="2">案　由</td><td colspan="6"></td></tr>
<tr><td rowspan="4">违法主体</td><td>姓　名</td><td></td><td>性别</td><td></td><td>联系方式</td><td colspan="2"></td></tr>
<tr><td>住　址</td><td colspan="6"></td></tr>
<tr><td>单位名称</td><td colspan="6"></td></tr>
<tr><td>单位地址</td><td colspan="6"></td></tr>
<tr><td colspan="2">案件来源</td><td colspan="6"></td></tr>
<tr><td colspan="2">简要案情</td><td colspan="6">①</td></tr>
<tr><td colspan="2">承办人意见</td><td colspan="6">②
承办人：　　年　　月　　日</td></tr>
<tr><td colspan="2">政策法规部门审核意见</td><td colspan="6">审核人：　　年　　月　　日</td></tr>
<tr><td colspan="2">负责人审批意见</td><td colspan="6">③
批准人：　　年　　月　　日</td></tr>
<tr><td colspan="2">备注</td><td colspan="6"></td></tr>
</table>

制作说明：

1. 在①主要填写发案时间、地点、过程及后果、现状；受损失情况。

2. 在②填写承办人提出的意见。

3. 在③填写地震行政机关负责人决定意见。

地震行政处罚调查（询问）笔录

案　　由：________①________。

被调查（询问）人：__________性别：__________

职务：__________联系方式：__________

工作单位：____________________

详细地址：____________________

调查时间：____________________

调查地点：____________________

调查人：____________________

记录人：____________________

问：________②________

答：____________________

____________________。

被调查（询问）人意见及签名：

______年____月____日

调查（询问）人签名：

______年____月____日

共　页，第　页

制作说明：

1. 在①填写案件的类别名称。

2. 在②填写正文，主要以问答的形式。

3. 在尾部被调查人应该签字、捺手印。拒绝捺手印的记录人要注明。

地震行政处罚现场勘验检查笔录

勘验检查时间：____年____月____日至____年____月____日

勘验检查地点：____________________

勘验检查人：__________记录人：__________

被检查（人）单位：__________法定代表人：________

勘验检查场所：________①________

勘验检查过程及结果：________②________

______________________________。

被勘验检查（人）单位签字：____________

勘验检查人签字：________________

见证人签字：____________________

记录人签名：____________________

_____年____月____日

制作说明：

1. 在①填写勘验检查场所的名称。

2. 在②填写勘验检查物证的名称、品名、重量、尺寸、体积、标示等。照相、录像的内容和数量、绘图的种类和数量。

3. 在尾部被调查人应该签字、捺手印。拒绝捺手印的记录人要注明。

地震行政处罚决定书

被处罚人：______①______

经查明，______②______。

本机关认为：被处罚人的____③____行为违反了____④____的规定。

依据______⑤______的规定，决定如下：

一、______⑥______；

二、______⑦______；

______________________________。

被处罚人逾期不履行本处罚决定的，本机关将依据《行政处罚法》第七十二条规定执行：

一、到期不缴纳罚款的，每日按罚款数额的3%加处罚款，加处罚款的数额不得超出罚款的数额；

二、根据法律规定，将查封、扣押的财物拍卖、依法处理或者将冻结的存款、汇款划拨抵缴罚款；

三、根据法律规定，采取其他行政强制执行方式；

四、依照《行政强制法》的规定申请人民法院强制执行。

如不服本处罚决定，可以在收到本处罚决定书之日起______日内向____⑧____申请地震行政复议，也可以在收到本处罚决定书之日起______直接向人民法院提起行政诉讼。

对____⑨____行为，根据《行政处罚法》第四十五条和____⑩____的规定，责令______⑪______。

______年____月____日

制作说明：

1. 被处罚人是公民的，在①填写姓名、性别、职业、住所；被处罚人为法人或其他组织的，在①填写名称、地址、法人代表或负责人姓名和职务。

2. 在②填写违法行为发生的时间、地点、行为、后果等违法事实及有关证据。

3. 在③填写被处罚人违法行为名称。

4. 在④填写违反法律依据名称以及具体条款项和具体内容。

5. 在⑤填写地震行政执法机关作出处罚的法律依据的名称以及具体的条款项和具体内容。

6. 在⑥填写地震行政执法机关作出的行政处罚种类、具体幅度。

7. 在⑦填写罚款的履行方式和期限。

8. 在⑧填写复议机关名称。

9. 在⑨填写具体的违法行为。

10. 在⑩填写其他法律、法规和规章依据。

11. 在⑪填写需要改正的方式、期限。

附录四：行政确认常用文书格式

地震行政确认申请书

申请人：＿＿＿＿＿＿＿＿①＿＿＿＿＿＿＿＿

＿＿＿＿＿＿＿＿＿＿＿＿＿＿＿＿＿＿＿＿＿＿

行政确认请求：＿＿＿＿＿＿＿②＿＿＿＿＿＿＿

＿＿＿＿＿＿＿＿＿＿＿＿＿＿＿＿＿＿＿＿＿＿。

事实与理由：＿＿＿＿＿＿＿＿③＿＿＿＿＿＿＿

＿＿＿＿＿＿＿＿＿＿＿＿＿＿＿＿＿＿＿＿＿＿。

申请人：＿＿＿＿＿＿＿＿

＿＿＿年＿＿月＿＿日

制作说明：

1. 申请人是公民的，在①填写姓名、性别、民族、籍贯、工作单位、职务、身份证件、联系方式等。申请人是法人或其他组织的，在①填写名称、地址，法定代表人或负责人姓名、职务、联系方式等。

2. 在②填写被申请人请求的事由。

3. 在③填写行政确认的事实和理由。

地震行政确认决定书

申请人：＿＿＿＿＿＿①＿＿＿＿＿＿

委托代表人：＿＿＿＿＿＿联系电话：＿＿＿＿＿＿

本机关于＿＿＿＿年＿＿月＿＿日收到申请人的行政确认请求＿＿＿＿②＿＿＿＿＿＿＿＿＿＿＿＿＿＿＿＿＿＿＿＿。

经审理查明，＿＿＿＿＿＿③＿＿＿＿＿＿。

根据＿＿＿＿＿＿④＿＿＿＿＿＿规定，本机关决定如下：＿＿＿＿⑤＿＿＿＿＿＿＿＿＿＿＿＿＿＿＿＿＿＿＿＿＿。

如不服本决定，可以自本决定作出之日起3个月内，向人民法院提起行政诉讼。

（因该行政确认事项涉及除行政对象以外的第三方利益或社会公众利益，决定于＿＿＿年＿＿月＿＿日将行政确认结果向社会公告。）

＿＿＿年＿＿月＿＿日（盖章）

制作说明：

1. 申请人是公民的，在①填写姓名、性别、民族、籍贯、工作单位、职务、身份证件、联系方式等。申请人是法人或其他组织的，在①填写名称、地址，法定代表人或负责人姓名、职务、联系方式等。

2. 在②填写被申请人请求的行政确认事由。

3. 在③填写主要事实和理由。

4. 在④填写具体法律、法规条文，具体到条、款、项。

5. 在⑤填写予以地震行政确认事项。

附录五：行政案件移送常用文书格式

地震行政案件移送函

______①______：

___②___于____年___月___日，对______③______进行调查。在调查中发现________④________，因___⑤___，故此案不属于___⑥___管辖。根据___⑦___规定，现将该案移送你机关（单位）处理。

附件：(有关材料)

联系人：__________ 联系电话：__________

____年___月___日（盖章）

制作说明：

1. 在①填写拟移送的行政机关。
2. 在②、⑥填写地震行政执法机关名称。
3. 在③填写地震行政具体行为。
4. 在④填写违反法律、法规的具体事实。
5. 在⑤填写移送的理由。
5. 在⑦填写其他有关法律、法规。

地震行政案件移送审批表

<table>
<tr><td>案　　由</td><td colspan="4"></td></tr>
<tr><td rowspan="4">当事人
基本情况</td><td>姓　　名</td><td></td><td>性别</td><td></td></tr>
<tr><td>法人名称</td><td colspan="3"></td></tr>
<tr><td>地　　址</td><td colspan="3"></td></tr>
<tr><td>联系电话</td><td colspan="3"></td></tr>
<tr><td>受移送
机关</td><td colspan="4"></td></tr>
<tr><td>案情简介</td><td colspan="4"></td></tr>
<tr><td>移送理由</td><td colspan="4"></td></tr>
<tr><td>承办人员
拟办意见</td><td colspan="4">承办人（签名）：　　　　　　　　年　　月　　日</td></tr>
<tr><td>部门负责人
审核意见</td><td colspan="4">审核人（签名）：　　　　　　　　年　　月　　日</td></tr>
<tr><td>机关负责人
审批意见</td><td colspan="4">审批人（签名）：　　　　　　　　年　　月　　日</td></tr>
</table>

地震行政案件移送接收单

送达地点		送达方式	
收件人	（签名或盖章） 年　　月　　日	送达人	（签名或盖章） 年　　月　　日
备注			

附录六：行政复议常用文书格式

地震行政复议申请书

申请人：＿＿＿＿＿＿＿＿①＿＿＿＿＿＿＿＿

委托代理人：姓名＿＿＿＿＿＿＿＿＿＿＿＿＿＿＿＿

住址＿＿＿＿＿＿＿＿＿＿＿＿＿＿＿＿

被申请人：名称＿＿＿＿＿＿＿＿＿＿＿＿＿＿＿＿

住址＿＿＿＿＿＿＿＿＿＿＿＿＿＿＿＿

行政复议请求：＿＿＿＿＿＿＿＿②＿＿＿＿＿＿＿＿。

事实与理由：＿＿＿＿＿＿＿＿③＿＿＿＿＿＿＿＿。

此致

④＿＿＿＿＿＿＿＿＿＿＿＿＿＿＿＿＿＿＿＿＿＿＿＿

附件：

申请人：＿＿⑤＿＿＿＿

＿＿＿年＿＿月＿＿日

制作说明：

1. 申请人是公民的，在①填写姓名、性别、职业、住址等；申请人是法人或其他组织的，在①填写名称、地址，法定代表人或负责人的姓名、职务、联系方式等。

2. 在②填写地震行政复议请求的具体内容。

3. 在③填写地震行政复议请求的事实与理由。

4. 在④填写地震行政复议机关全称。

5. 在⑤填写公民的姓名或单位全称。

地震行政复议不予受理决定书

申请人：____________①____________

被申请人：__________住址：__________

法定代表人（负责人）：________职务：________

申请人不服被申请人____年___月___日作出的____②____，提出地震行政复议申请，经审查，本机关认为：____③____。

根据《行政复议法》第十七条规定，决定不予受理。

（法律、法规规定应当先向行政复议机关申请行政复议，对行政复议不服再向人民法院提起行政诉讼的，写明：不服本决定，可自收到本决定书之日起15 日内依法向人民法院提起行政诉讼。）

____年___月___日（盖章）

制作说明：

1. 申请人是公民的，在①填写姓名、性别、民族、籍贯、工作单位、职务等。申请人是法人或其他组织的，在①填写名称、地址，法定代表人或负责人姓名、职务、联系方式等。

2. 在②填写被申请人作出的具体行政行为。

3. 在③填写不予受理的理由。

地震行政复议申请受理通知书

______①______：

______②______不服你机关____年___月___日作出的____③____，向_______④_______申请的地震行政复议，现已受理。现将复议申请书副本1份发送你单位，请在收到复议申请书副本10日内，提交作出该具体行政行为的有关材料或证据，并提出书面答复。

承办人：___________⑤___________

____年___月___日（盖章）

制作说明：

1. 在①填写被申请人名称。如“郑州市地震局”。

2. 申请人是公民的，在②填写姓名；申请人是法人或其他组织的，在②填写名称。

3. 在③填写作出的具体行政行为。如“郑州市地震局作出的处罚决定”。

4. 在④填写行政复议机关名称。

5. 在⑤填写承办人的姓名。

地震行政复议决定书

申请人：＿＿＿＿＿＿＿＿①＿＿＿＿＿＿＿＿

委托代理人：姓名＿＿＿＿＿＿＿＿＿＿＿＿＿＿

住址＿＿＿＿＿＿＿＿＿＿＿＿＿＿

被申请人：名称＿＿＿＿＿＿＿＿＿＿＿＿＿＿

住址＿＿＿＿＿＿＿＿＿＿＿＿＿＿

第三人：姓名＿＿＿＿＿＿＿＿＿＿＿＿＿＿

住址＿＿＿＿＿＿＿＿＿＿＿＿＿＿

委托代理人：姓名＿＿＿＿＿＿＿＿＿＿＿＿＿＿

住址＿＿＿＿＿＿＿＿＿＿＿＿＿＿

申请人不服被申请人的＿＿＿＿＿＿，于＿＿＿年＿＿月＿＿日提起地震行政复议申请，本机关依法已于＿＿＿年＿＿月＿＿日受理，以＿＿②＿＿方式进行了地震行政复议。

申请人请求，＿＿＿＿＿＿＿＿＿＿＿＿＿＿＿＿＿＿。

申请人称，＿＿＿＿＿＿＿＿＿＿＿＿＿＿＿＿＿＿。

被申请人称，＿＿＿＿＿＿＿＿＿＿＿＿＿＿＿＿＿＿。

经查，＿＿＿＿＿＿＿＿＿＿＿＿＿＿＿＿＿＿。

本机关认为：＿＿＿＿＿＿＿＿③＿＿＿＿＿＿＿＿。

根据《行政复议法》第二十八条规定，本机关决定如下：

一、＿＿＿＿＿＿＿＿＿＿＿＿＿＿＿＿＿＿＿＿＿＿＿＿＿＿＿＿＿＿＿＿＿＿＿＿；

二、＿＿＿＿＿＿＿＿＿＿＿＿＿＿＿＿＿＿＿＿＿＿＿＿＿＿＿＿＿＿＿＿＿＿＿＿。

如对本决定不服，可以自接到本决定之日起15日内向人民法院提起地震行政诉讼。

______年____月____日（盖章）

制作说明：

1. 在①填写地震具体行政行为。

2. 在②填写“书面”或“听证”。

3. 在③填写具体行为认定事实是否清楚，证据是否确凿，适用法律依据是否正确，程序是否合法，内容是否适当。

附录七：行政应诉常用文书格式

地震行政应诉答辩状

答辩人：＿＿＿＿＿＿＿＿①＿＿＿＿＿＿＿＿

法定代表人：＿＿＿＿＿＿＿②＿＿＿＿＿＿＿

委托代理人：＿＿＿＿＿＿＿③＿＿＿＿＿＿＿

因＿＿＿④＿＿＿诉我单位＿＿＿⑤＿＿＿一案，现答辩如下：

答辩请求：＿＿＿＿＿＿＿＿＿＿＿＿＿＿＿＿

事实与理由：＿＿＿＿＿＿＿⑥＿＿＿＿＿＿＿。

此致

＿＿＿＿＿＿＿＿人民法院

答辩人：＿＿＿＿＿＿（盖章）

＿＿＿年＿＿月＿＿日

附：

1. 答辩状副本＿＿＿＿份；

2. 其他文件＿＿＿＿＿份；

3. 证物或书证＿＿＿＿＿件。

制作说明：

1. 在①填写名称、地址、法定代表人等基本信息。
2. 在②填写姓名、职务等基本信息。
3. 在③填写姓名、工作单位等基本信息。
4. 在④填写地震具体行政行为。
5. 在⑤填写案由或起因。
6. 在⑥填写答辩的观点、事实与理由。

地震行政应诉授权委托书

委托单位：＿＿＿＿＿＿①＿＿＿＿＿＿

法定代表人（或负责人）：＿＿＿②＿＿＿＿＿＿

受委托人：＿＿＿＿＿＿③＿＿＿＿＿＿

受委托人代理事项和权限为：＿＿＿＿＿＿＿＿

委托单位：＿＿＿＿＿＿（盖章）

＿＿＿年＿＿月＿＿日

制作说明：

1. 在①填写名称、地址等基本信息。

2. 在②填写姓名、职务等基本信息。

3. 在③填写姓名、性别、年龄、工作单位、住址；受委托人是律师的，写明律师姓名和所在律所即可。

附录八：行政赔偿常用文书格式

地震行政赔偿申请书

申请人：________________①________________

赔偿请求：________________②________________

________________________________。

事实与理由：________________③________________

________________________________。

申请人：__________

____年___月___日

制作说明：

1. 申请人是公民的，在①填写姓名、性别、民族、籍贯、工作单位、职务、身份证件、联系方式等。申请人是法人或其他组织的，在①填写名称、地址，法定代表人或负责人姓名、职务、联系方式等。

2. 在②填写被申请人请求的赔偿额度。

3. 在③填写赔偿的事实与理由。

地震行政赔偿决定书

申请人：________________①________________

委托代表人：________________联系电话：__________

本机关于______年____月____日收到赔偿申请人的行政赔偿请求________________②________________。

经审理查明，________________③________________。

根据《国家赔偿法》________________④________________规定，本机关决定如下：________________⑤________________

____________________________________。

如不服本决定，可以自本决定作出之日起3个月内，向人民法院提起行政赔偿诉讼。

______年____月____日（盖章）

制作说明：

1. 申请人是公民的，在①填写姓名、性别、民族、籍贯、工作单位、职务、身份证件、联系方式等。申请人是法人或其他组织的，在①填写名称、地址，法定代表人或负责人姓名、职务、联系方式等。

2. 在②填写被申请人请求的具体赔偿要求。

3. 在③填写主要事实与理由。

4. 在④填写具体法律、法规条文，具体到条、款、项。

5. 在⑤填写是否赔偿、赔偿方案、赔偿项目、赔偿数额。

附录九：重大执法决定法制审核送审表及意见单

重大执法决定法制审核送审表

申请机构（盖章）		执法人员	
		所在处室	
送审事项			
执法类别			
案件基本情况			
合法性自查意见			
需要说明的问题			

送审日期：　　　年　　　月　　　日

重大执法决定法制审核意见单

<table>
<tr><td>送审事项</td><td colspan="3"></td></tr>
<tr><td>送审机构</td><td></td><td>执法类别</td><td></td></tr>
<tr><td>审核意见</td><td colspan="3"></td></tr>
<tr><td>经办人</td><td></td><td rowspan="2">审核机构负责人</td><td rowspan="2"></td></tr>
<tr><td>处室负责人</td><td></td></tr>
</table>

审核日期：　　年　　月　　日

附录十：地震行政执法规范用语指引

1. 为规范地震行政执法人员执法用语，促进公正文明执法，行政执法人员开展行政执法应当规范用语。

2. 行政执法人员表明执法身份时，应当出示执法证件，告知对方执法主体的名称。邀请专家、执法辅助人员随同开展有关工作的，应当告知有关人员的身份。

例如：您好！我们是××（行政机关名称）的执法人员××（执法人员姓名），这是我们的行政执法证件，执法证号为××，请您确认，并予以配合。这是协助我们开展执法工作的专家××，执法辅助人员××。

3. 行政执法人员进行音像记录，应当在启动音像记录后说明执法主体、人员、事由、时间、地点等。

例如：本次执法进行音像记录，音像设备现已开启，时间××，地点××，我们是××（行政机关名称）的执法人员××（执法人员姓名），这是我们的行政执法证件，执法证号为××，根据××（相关法律法规的完整名称）的规定，现在依法对××（具体事由）执法过程进行录音（或录像）。请您协助。

4. 行政执法人员在执法活动中禁止使用以下用语：

（1）告诫当事人时，禁止使用训斥性、威胁性语言；

（2）向对方说服教育时，禁止使用推卸责任、搬弄是非的语言；

（3）群众提出执法态度不好的意见时，禁止使用挑衅语言；

（4）其他行政执法忌语。

5. 如遇当事人妨碍行政执法时，警告对方不得妨碍公务，并告知其法律后果。

例如：请大家保持冷静！我们是××（行政机关名称）的执法人员，正在依法执行公务。妨碍执行公务是违法行为，将承担法律责任。请大家配合我们的执法工作，谢谢。

6. 开展行政检查或者现场调查时，应当告知被检查或者调查的事项、依据，以及行政相对人依法享有的权利、应当履行的义务。涉及案件定性的问题，凡未经查证属实，不得向行政相对人发表结论性意见。

例如：根据××（相关法律法规等的完整名称）的规定，我们现在依法就××（事由）进行检查/调查，请您配合。您有申请回避的权利和如实回答询问、提供证据、不得阻挠的义务。

7. 制作笔录后，应将笔录交行政相对人阅读核对，并告知行政相对人应当在笔录上签名。如遇到行政相对人有不识字或者其他阅读障碍时，应当当场将笔录内容向行政相对人宣读。

例如：

（1）行政相对人可以正常阅读：请核对笔录内容，如果认为记录不全或者有误的，可以当场补正并签字确认。核对无误的，请在笔录上逐页签名。

（2）行政相对人不识字或者存在阅读障碍：这是我们制作的笔录，由于您无法阅读，现由执法人员宣读笔录，请您仔细核对笔录内容，如果认为记录不全或者有误的，可以当场补正并签名或者按手印确认。核对无误的，请在笔录上逐页签名或者按手印确认。

8. 行政执法文书作出后，需要当事人签字确认的，如果当事人拒绝在有关行政执法文书上签字，应当告知其拒绝签字的后果。

例如：请您再次考虑是否签字。如果您拒绝签字，我们将记录在案，并依法处理。

9. 其他行政执法规范用语，参考行政执法文书范本中的相关表述。

附录十一：中华人民共和国防震减灾法

中华人民共和国防震减灾法

（1997 年 12 月 29 日第八届全国人民代表大会常务委员会第二十九次会议通过　2008 年 12 月 27 日第十一届全国人民代表大会常务委员会第六次会议修订　2008 年 12 月 27 日中华人民共和国主席令第 7 号公布　自 2009 年 5 月 1 日起施行)

第一章　总　　则

第一条　为了防御和减轻地震灾害，保护人民生命和财产安全，促进经济社会的可持续发展，制定本法。

第二条　在中华人民共和国领域和中华人民共和国管辖的其他海域从事地震监测预报、地震灾害预防、地震应急救援、地震灾后过渡性安置和恢复重建等防震减灾活动，适用本法。

第三条　防震减灾工作，实行预防为主、防御与救助相结合的方针。

第四条　县级以上人民政府应当加强对防震减灾工作的领导，将防震减灾工作纳入本级国民经济和社会发展规划，所需经费列入财政预算。

第五条　在国务院的领导下，国务院地震工作主管部门和国务院经济综合宏观调控、建设、民政、卫生、公安以及其他有关部门，按照职责分工，各负其责，密切配合，共同做好防震减灾工作。

县级以上地方人民政府负责管理地震工作的部门或者机构和其他有关部门在本级人民政府领导下，按照职责分工，各负其责，密切配合，共同做好本行政区域的防震减灾工作。

第六条 国务院抗震救灾指挥机构负责统一领导、指挥和协调全国抗震救灾工作。县级以上地方人民政府抗震救灾指挥机构负责统一领导、指挥和协调本行政区域的抗震救灾工作。

国务院地震工作主管部门和县级以上地方人民政府负责管理地震工作的部门或者机构，承担本级人民政府抗震救灾指挥机构的日常工作。

第七条 各级人民政府应当组织开展防震减灾知识的宣传教育，增强公民的防震减灾意识，提高全社会的防震减灾能力。

第八条 任何单位和个人都有依法参加防震减灾活动的义务。

国家鼓励、引导社会组织和个人开展地震群测群防活动，对地震进行监测和预防。

国家鼓励、引导志愿者参加防震减灾活动。

第九条 中国人民解放军、中国人民武装警察部队和民兵组织，依照本法以及其他有关法律、行政法规、军事法规的规定和国务院、中央军事委员会的命令，执行抗震救灾任务，保护人民生命和财产安全。

第十条 从事防震减灾活动，应当遵守国家有关防震减灾标准。

第十一条 国家鼓励、支持防震减灾的科学技术研究，逐步提高防震减灾科学技术研究经费投入，推广先进的科学研究成果，加强国际合作与交流，提高防震减灾工作水平。

对在防震减灾工作中做出突出贡献的单位和个人，按照国家有关规定给予表彰和奖励。

第二章　防震减灾规划

第十二条　国务院地震工作主管部门会同国务院有关部门组织编制国家防震减灾规划，报国务院批准后组织实施。

县级以上地方人民政府负责管理地震工作的部门或者机构会同同级有关部门，根据上一级防震减灾规划和本行政区域的实际情况，组织编制本行政区域的防震减灾规划，报本级人民政府批准后组织实施，并报上一级人民政府负责管理地震工作的部门或者机构备案。

第十三条　编制防震减灾规划，应当遵循统筹安排、突出重点、合理布局、全面预防的原则，以震情和震害预测结果为依据，并充分考虑人民生命和财产安全及经济社会发展、资源环境保护等需要。

县级以上地方人民政府有关部门应当根据编制防震减灾规划的需要，及时提供有关资料。

第十四条　防震减灾规划的内容应当包括：震情形势和防震减灾总体目标，地震监测台网建设布局，地震灾害预防措施，地震应急救援措施，以及防震减灾技术、信息、资金、物资等保障措施。

编制防震减灾规划，应当对地震重点监视防御区的地震监测台网建设、震情跟踪、地震灾害预防措施、地震应急准备、防震减灾知识宣传教育等作出具体安排。

第十五条 防震减灾规划报送审批前，组织编制机关应当征求有关部门、单位、专家和公众的意见。

防震减灾规划报送审批文件中应当附具意见采纳情况及理由。

第十六条 防震减灾规划一经批准公布，应当严格执行；因震情形势变化和经济社会发展的需要确需修改的，应当按照原审批程序报送审批。

第三章 地震监测预报

第十七条 国家加强地震监测预报工作，建立多学科地震监测系统，逐步提高地震监测预报水平。

第十八条 国家对地震监测台网实行统一规划，分级、分类管理。

国务院地震工作主管部门和县级以上地方人民政府负责管理地震工作的部门或者机构，按照国务院有关规定，制定地震监测台网规划。

全国地震监测台网由国家级地震监测台网、省级地震监测台网和市、县级地震监测台网组成，其建设资金和运行经费列入财政预算。

第十九条 水库、油田、核电站等重大建设工程的建设单位，应当按照国务院有关规定，建设专用地震监测台网或者强震动监测设施，其建设资金和运行经费由建设单位承担。

第二十条 地震监测台网的建设，应当遵守法律、法规和国家有关标准，保证建设质量。

第二十一条 地震监测台网不得擅自中止或者终止运行。

检测、传递、分析、处理、存贮、报送地震监测信息的单位，应当保证地震监测信息的质量和安全。

县级以上地方人民政府应当组织相关单位为地震监测台网的运行提供通信、交通、电力等保障条件。

第二十二条 沿海县级以上地方人民政府负责管理地震工作的部门或者机构，应当加强海域地震活动监测预测工作。海域地震发生后，县级以上地方人民政府负责管理地震工作的部门或者机构，应当及时向海洋主管部门和当地海事管理机构等通报情况。

火山所在地的县级以上地方人民政府负责管理地震工作的部门或者机构，应当利用地震监测设施和技术手段，加强火山活动监测预测工作。

第二十三条 国家依法保护地震监测设施和地震观测环境。

任何单位和个人不得侵占、毁损、拆除或者擅自移动地震监测设施。地震监测设施遭到破坏的，县级以上地方人民政府负责管理地震工作的部门或者机构应当采取紧急措施组织修复，确保地震监测设施正常运行。

任何单位和个人不得危害地震观测环境。国务院地震工作主管部门和县级以上地方人民政府负责管理地震工作的部门或者机构会同同级有关部门，按照国务院有关规定划定地震观测环境保护范围，并纳入土地利用总体规划和城乡规划。

第二十四条 新建、扩建、改建建设工程，应当避免对地震监测设施和地震观测环境造成危害。建设国家重点工程，确实无法避免对地震监测设施和地震观测环境造成危害的，建设单位应当按照县级以上地方人民政府负责管理地震工作的部门或者机构的要求，增建抗干扰设施；不能增建抗干扰设施的，应当新建地震监测设施。

对地震观测环境保护范围内的建设工程项目，城乡规划主管部门在依法核发选址意见书时，应当征求负责管理地震工作的部门或者机构的意见；不需要核发选址意见书的，城乡规划主管部门在依法核发建设用地规划许可证或者乡村建设规划许可证时，应当征求负责管理地震工作的部门或者机构的意见。

第二十五条 国务院地震工作主管部门建立健全地震监测信息共享平台，为社会提供服务。

县级以上地方人民政府负责管理地震工作的部门或者机构，应当将地震监测信息及时报送上一级人民政府负责管理地震工作的部门或者机构。

专用地震监测台网和强震动监测设施的管理单位，应当将地震监测信息及时报送所在地省、自治区、直辖市人民政府负责管理地震工作的部门或者机构。

第二十六条 国务院地震工作主管部门和县级以上地方人民政府负责管理地震工作的部门或者机构，根据地震监测信息研究结果，对可能发生地震的地点、时间和震级作出预测。

其他单位和个人通过研究提出的地震预测意见，应当向所在地或者所预测地的县级以上地方人民政府负责管理地震工作的部门或者机构书面报告，或者直接向国务院地震工作主管部门书面报告。收到书面报告的部门或者机构应当进行登记并出具接收凭证。

第二十七条 观测到可能与地震有关的异常现象的单位和个人，可以向所在地县级以上地方人民政府负责管理地震工作的部门或者机构报告，也可以直接向国务院地震工作主管部门报告。

国务院地震工作主管部门和县级以上地方人民政府负责管理地震工作的部门或者机构接到报告后，应当进行登记并及时组织调查核实。

第二十八条 国务院地震工作主管部门和省、自治区、直辖市人民政府负责管理地震工作的部门或者机构，应当组织召开震情会商会，必要时邀请有关部门、专家和其他有关人员参加，对地震预测意见和可能与地震有关的异常现象进行综合分析研究，形成震情会商意见，报本级人民政府；经震情会商形成地震预报意见的，在报本级人民政府前，应当进行评审，作出评审结果，并提出对策建议。

第二十九条 国家对地震预报意见实行统一发布制度。

全国范围内的地震长期和中期预报意见，由国务院发布。省、自治区、直辖市行政区域内的地震预报意见，由省、自治区、直辖市人民政府按照国务院规定的程序发布。

除发表本人或者本单位对长期、中期地震活动趋势的研究成果及进行相关学术交流外，任何单位和个人不得向社会散布地震预测意见。任何单位和个人不得向社会散布地震预报意见及其评审结果。

第三十条 国务院地震工作主管部门根据地震活动趋势和震害预测结果，提出确定地震重点监视防御区的意见，报国务院批准。

国务院地震工作主管部门应当加强地震重点监视防御区的震情跟踪，对地震活动趋势进行分析评估，提出年度防震减灾工作意见，报国务院批准后实施。

地震重点监视防御区的县级以上地方人民政府应当根据年度防震减灾工作意见和当地的地震活动趋势，组织有关部门加强防震减灾工作。

地震重点监视防御区的县级以上地方人民政府负责管理地震工

作的部门或者机构，应当增加地震监测台网密度，组织做好震情跟踪、流动观测和可能与地震有关的异常现象观测以及群测群防工作，并及时将有关情况报上一级人民政府负责管理地震工作的部门或者机构。

第三十一条 国家支持全国地震烈度速报系统的建设。

地震灾害发生后，国务院地震工作主管部门应当通过全国地震烈度速报系统快速判断致灾程度，为指挥抗震救灾工作提供依据。

第三十二条 国务院地震工作主管部门和县级以上地方人民政府负责管理地震工作的部门或者机构，应当对发生地震灾害的区域加强地震监测，在地震现场设立流动观测点，根据震情的发展变化，及时对地震活动趋势作出分析、判定，为余震防范工作提供依据。

国务院地震工作主管部门和县级以上地方人民政府负责管理地震工作的部门或者机构、地震监测台网的管理单位，应当及时收集、保存有关地震的资料和信息，并建立完整的档案。

第三十三条 外国的组织或者个人在中华人民共和国领域和中华人民共和国管辖的其他海域从事地震监测活动，必须经国务院地震工作主管部门会同有关部门批准，并采取与中华人民共和国有关部门或者单位合作的形式进行。

第四章 地震灾害预防

第三十四条 国务院地震工作主管部门负责制定全国地震烈度区划图或者地震动参数区划图。

国务院地震工作主管部门和省、自治区、直辖市人民政府负责管理地震工作的部门或者机构，负责审定建设工程的地震安全性评价报告，确定抗震设防要求。

第三十五条 新建、扩建、改建建设工程，应当达到抗震设防要求。

重大建设工程和可能发生严重次生灾害的建设工程，应当按照国务院有关规定进行地震安全性评价，并按照经审定的地震安全性评价报告所确定的抗震设防要求进行抗震设防。建设工程的地震安全性评价单位应当按照国家有关标准进行地震安全性评价，并对地震安全性评价报告的质量负责。

前款规定以外的建设工程，应当按照地震烈度区划图或者地震动参数区划图所确定的抗震设防要求进行抗震设防；对学校、医院等人员密集场所的建设工程，应当按照高于当地房屋建筑的抗震设防要求进行设计和施工，采取有效措施，增强抗震设防能力。

第三十六条 有关建设工程的强制性标准，应当与抗震设防要求相衔接。

第三十七条 国家鼓励城市人民政府组织制定地震小区划图。地震小区划图由国务院地震工作主管部门负责审定。

第三十八条 建设单位对建设工程的抗震设计、施工的全过程负责。

设计单位应当按照抗震设防要求和工程建设强制性标准进行抗震设计，并对抗震设计的质量以及出具的施工图设计文件的准确性负责。

施工单位应当按照施工图设计文件和工程建设强制性标准进行施工，并对施工质量负责。

建设单位、施工单位应当选用符合施工图设计文件和国家有关标准规定的材料、构配件和设备。

工程监理单位应当按照施工图设计文件和工程建设强制性标准实施监理，并对施工质量承担监理责任。

第三十九条 已经建成的下列建设工程，未采取抗震设防措施或者抗震设防措施未达到抗震设防要求的，应当按照国家有关规定进行抗震性能鉴定，并采取必要的抗震加固措施：

（一）重大建设工程；

（二）可能发生严重次生灾害的建设工程；

（三）具有重大历史、科学、艺术价值或者重要纪念意义的建设工程；

（四）学校、医院等人员密集场所的建设工程；

（五）地震重点监视防御区内的建设工程。

第四十条 县级以上地方人民政府应当加强对农村村民住宅和乡村公共设施抗震设防的管理，组织开展农村实用抗震技术的研究和开发，推广达到抗震设防要求、经济适用、具有当地特色的建筑设计和施工技术，培训相关技术人员，建设示范工程，逐步提高农村村民住宅和乡村公共设施的抗震设防水平。

国家对需要抗震设防的农村村民住宅和乡村公共设施给予必要支持。

第四十一条 城乡规划应当根据地震应急避难的需要，合理确定应急疏散通道和应急避难场所，统筹安排地震应急避难所必需的交通、供水、供电、排污等基础设施建设。

第四十二条 地震重点监视防御区的县级以上地方人民政府应当根据实际需要，在本级财政预算和物资储备中安排抗震救灾资金、物资。

第四十三条 国家鼓励、支持研究开发和推广使用符合抗震设防要求、经济实用的新技术、新工艺、新材料。

第四十四条 县级人民政府及其有关部门和乡、镇人民政府、城市街道办事处等基层组织，应当组织开展地震应急知识的宣传普及活动和必要的地震应急救援演练，提高公民在地震灾害中自救互救的能力。

机关、团体、企业、事业等单位，应当按照所在地人民政府的要求，结合各自实际情况，加强对本单位人员的地震应急知识宣传教育，开展地震应急救援演练。

学校应当进行地震应急知识教育，组织开展必要的地震应急救援演练，培养学生的安全意识和自救互救能力。

新闻媒体应当开展地震灾害预防和应急、自救互救知识的公益宣传。

国务院地震工作主管部门和县级以上地方人民政府负责管理地震工作的部门或者机构，应当指导、协助、督促有关单位做好防震减灾知识的宣传教育和地震应急救援演练等工作。

第四十五条 国家发展有财政支持的地震灾害保险事业，鼓励单位和个人参加地震灾害保险。

第五章 地震应急救援

第四十六条 国务院地震工作主管部门会同国务院有关部门制定国家地震应急预案，报国务院批准。国务院有关部门根据国家地震应急预案，制定本部门的地震应急预案，报国务院地震工作主管部门备案。

县级以上地方人民政府及其有关部门和乡、镇人民政府，应当根据有关法律、法规、规章、上级人民政府及其有关部门的地震应急预案和本行政区域的实际情况，制定本行政区域的地震应急预案和本部门的地震应急预案。省、自治区、直辖市和较大的市的地震应急预案，应当报国务院地震工作主管部门备案。

交通、铁路、水利、电力、通信等基础设施和学校、医院等人员密集场所的经营管理单位，以及可能发生次生灾害的核电、矿山、危险物品等生产经营单位，应当制定地震应急预案，并报所在地的县级人民政府负责管理地震工作的部门或者机构备案。

第四十七条 地震应急预案的内容应当包括：组织指挥体系及其职责，预防和预警机制，处置程序，应急响应和应急保障措施等。

地震应急预案应当根据实际情况适时修订。

第四十八条 地震预报意见发布后，有关省、自治区、直辖市人民政府根据预报的震情可以宣布有关区域进入临震应急期；有关地方人民政府应当按照地震应急预案，组织有关部门做好应急防范和抗震救灾准备工作。

第四十九条 按照社会危害程度、影响范围等因素，地震灾害分为一般、较大、重大和特别重大四级。具体分级标准按照国务院规定执行。

一般或者较大地震灾害发生后，地震发生地的市、县人民政府负责组织有关部门启动地震应急预案；重大地震灾害发生后，地震发生地的省、自治区、直辖市人民政府负责组织有关部门启动地震应急预案；特别重大地震灾害发生后，国务院负责组织有关部门启动地震应急预案。

第五十条 地震灾害发生后，抗震救灾指挥机构应当立即组织有关部门和单位迅速查清受灾情况，提出地震应急救援力量的配置方案，并采取以下紧急措施：

（一）迅速组织抢救被压埋人员，并组织有关单位和人员开展自救互救；

（二）迅速组织实施紧急医疗救护，协调伤员转移和接收与救治；

（三）迅速组织抢修毁损的交通、铁路、水利、电力、通信等基础设施；

（四）启用应急避难场所或者设置临时避难场所，设置救济物资供应点，提供救济物品、简易住所和临时住所，及时转移和安置受灾群众，确保饮用水消毒和水质安全，积极开展卫生防疫，妥善安排受灾群众生活；

（五）迅速控制危险源，封锁危险场所，做好次生灾害的排查与监测预警工作，防范地震可能引发的火灾、水灾、爆炸、山体滑坡和崩塌、泥石流、地面塌陷，或者剧毒、强腐蚀性、放射性物质大量泄漏等次生灾害以及传染病疫情的发生；

（六）依法采取维持社会秩序、维护社会治安的必要措施。

第五十一条 特别重大地震灾害发生后，国务院抗震救灾指挥机构在地震灾区成立现场指挥机构，并根据需要设立相应的工作组，统一组织领导、指挥和协调抗震救灾工作。

各级人民政府及有关部门和单位、中国人民解放军、中国人民武装警察部队和民兵组织，应当按照统一部署，分工负责，密切配合，共同做好地震应急救援工作。

第五十二条 地震灾区的县级以上地方人民政府应当及时将地震震情和灾情等信息向上一级人民政府报告，必要时可以越级上报，不得迟报、谎报、瞒报。

地震震情、灾情和抗震救灾等信息按照国务院有关规定实行归口管理，统一、准确、及时发布。

第五十三条 国家鼓励、扶持地震应急救援新技术和装备的研究开发，调运和储备必要的应急救援设施、装备，提高应急救援水平。

第五十四条 国务院建立国家地震灾害紧急救援队伍。

省、自治区、直辖市人民政府和地震重点监视防御区的市、县人民政府可以根据实际需要，充分利用消防等现有队伍，按照一队多用、专职与兼职相结合的原则，建立地震灾害紧急救援队伍。

地震灾害紧急救援队伍应当配备相应的装备、器材，开展培训和演练，提高地震灾害紧急救援能力。

地震灾害紧急救援队伍在实施救援时，应当首先对倒塌建筑物、构筑物压埋人员进行紧急救援。

第五十五条 县级以上人民政府有关部门应当按照职责分工，协调配合，采取有效措施，保障地震灾害紧急救援队伍和医疗救治队伍快速、高效地开展地震灾害紧急救援活动。

第五十六条 县级以上地方人民政府及其有关部门可以建立地震灾害救援志愿者队伍，并组织开展地震应急救援知识培训和演练，使志愿者掌握必要的地震应急救援技能，增强地震灾害应急救援能力。

第五十七条 国务院地震工作主管部门会同有关部门和单位，组织协调外国救援队和医疗队在中华人民共和国开展地震灾害紧急救援活动。

国务院抗震救灾指挥机构负责外国救援队和医疗队的统筹调度，并根据其专业特长，科学、合理地安排紧急救援任务。

地震灾区的地方各级人民政府，应当对外国救援队和医疗队开展紧急救援活动予以支持和配合。

第六章　地震灾后过渡性安置和恢复重建

第五十八条　国务院或者地震灾区的省、自治区、直辖市人民政府应当及时组织对地震灾害损失进行调查评估，为地震应急救援、灾后过渡性安置和恢复重建提供依据。

地震灾害损失调查评估的具体工作，由国务院地震工作主管部门或者地震灾区的省、自治区、直辖市人民政府负责管理地震工作的部门或者机构和财政、建设、民政等有关部门按照国务院的规定承担。

第五十九条　地震灾区受灾群众需要过渡性安置的，应当根据地震灾区的实际情况，在确保安全的前提下，采取灵活多样的方式进行安置。

第六十条　过渡性安置点应当设置在交通条件便利、方便受灾群众恢复生产和生活的区域，并避开地震活动断层和可能发生严重次生灾害的区域。

过渡性安置点的规模应当适度，并采取相应的防灾、防疫措施，配套建设必要的基础设施和公共服务设施，确保受灾群众的安全和基本生活需要。

第六十一条　实施过渡性安置应当尽量保护农用地，并避免对自然保护区、饮用水水源保护区以及生态脆弱区域造成破坏。

过渡性安置用地按照临时用地安排，可以先行使用，事后依法办理有关用地手续；到期未转为永久性用地的，应当复垦后交还原土地使用者。

第六十二条 过渡性安置点所在地的县级人民政府，应当组织有关部门加强对次生灾害、饮用水水质、食品卫生、疫情等的监测，开展流行病学调查，整治环境卫生，避免对土壤、水环境等造成污染。

过渡性安置点所在地的公安机关，应当加强治安管理，依法打击各种违法犯罪行为，维护正常的社会秩序。

第六十三条 地震灾区的县级以上地方人民政府及其有关部门和乡、镇人民政府，应当及时组织修复毁损的农业生产设施，提供农业生产技术指导，尽快恢复农业生产；优先恢复供电、供水、供气等企业的生产，并对大型骨干企业恢复生产提供支持，为全面恢复农业、工业、服务业生产经营提供条件。

第六十四条 各级人民政府应当加强对地震灾后恢复重建工作的领导、组织和协调。

县级以上人民政府有关部门应当在本级人民政府领导下，按照职责分工，密切配合，采取有效措施，共同做好地震灾后恢复重建工作。

第六十五条 国务院有关部门应当组织有关专家开展地震活动对相关建设工程破坏机理的调查评估，为修订完善有关建设工程的强制性标准、采取抗震设防措施提供科学依据。

第六十六条 特别重大地震灾害发生后，国务院经济综合宏观调控部门会同国务院有关部门与地震灾区的省、自治区、直辖市人民政府共同组织编制地震灾后恢复重建规划，报国务院批准后组织实施；重大、较大、一般地震灾害发生后，由地震灾区的省、自治区、直辖市人民政府根据实际需要组织编制地震灾后恢复重建规划。

地震灾害损失调查评估获得的地质、勘察、测绘、土地、气象、水文、环境等基础资料和经国务院地震工作主管部门复核的地震动参数区划图，应当作为编制地震灾后恢复重建规划的依据。

编制地震灾后恢复重建规划，应当征求有关部门、单位、专家和公众特别是地震灾区受灾群众的意见；重大事项应当组织有关专家进行专题论证。

第六十七条 地震灾后恢复重建规划应当根据地质条件和地震活动断层分布以及资源环境承载能力，重点对城镇和乡村的布局、基础设施和公共服务设施的建设、防灾减灾和生态环境以及自然资源和历史文化遗产保护等作出安排。

地震灾区内需要异地新建的城镇和乡村的选址以及地震灾后重建工程的选址，应当符合地震灾后恢复重建规划和抗震设防、防灾减灾要求，避开地震活动断层或者生态脆弱和可能发生洪水、山体滑坡和崩塌、泥石流、地面塌陷等灾害的区域以及传染病自然疫源地。

第六十八条 地震灾区的地方各级人民政府应当根据地震灾后恢复重建规划和当地经济社会发展水平，有计划、分步骤地组织实施地震灾后恢复重建。

第六十九条 地震灾区的县级以上地方人民政府应当组织有关部门和专家，根据地震灾害损失调查评估结果，制定清理保护方案，明确典型地震遗址、遗迹和文物保护单位以及具有历史价值与民族特色的建筑物、构筑物的保护范围和措施。

对地震灾害现场的清理，按照清理保护方案分区、分类进行，并依照法律、行政法规和国家有关规定，妥善清理、转运和处置有关放射性物质、危险废物和有毒化学品，开展防疫工作，防止传染病和重大动物疫情的发生。

第七十条 地震灾后恢复重建，应当统筹安排交通、铁路、水利、电力、通信、供水、供电等基础设施和市政公用设施，学校、医院、文化、商贸服务、防灾减灾、环境保护等公共服务设施，以及住房和无障碍设施的建设，合理确定建设规模和时序。

乡村的地震灾后恢复重建，应当尊重村民意愿，发挥村民自治组织的作用，以群众自建为主，政府补助、社会帮扶、对口支援，因地制宜，节约和集约利用土地，保护耕地。

少数民族聚居的地方的地震灾后恢复重建，应当尊重当地群众的意愿。

第七十一条 地震灾区的县级以上地方人民政府应当组织有关部门和单位，抢救、保护与收集整理有关档案、资料，对因地震灾害遗失、毁损的档案、资料，及时补充和恢复。

第七十二条 地震灾后恢复重建应当坚持政府主导、社会参与和市场运作相结合的原则。

地震灾区的地方各级人民政府应当组织受灾群众和企业开展生产自救，自力更生、艰苦奋斗、勤俭节约，尽快恢复生产。

国家对地震灾后恢复重建给予财政支持、税收优惠和金融扶持，并提供物资、技术和人力等支持。

第七十三条 地震灾区的地方各级人民政府应当组织做好救助、救治、康复、补偿、抚慰、抚恤、安置、心理援助、法律服务、公共文化服务等工作。

各级人民政府及有关部门应当做好受灾群众的就业工作，鼓励企业、事业单位优先吸纳符合条件的受灾群众就业。

第七十四条 对地震灾后恢复重建中需要办理行政审批手续的

事项，有审批权的人民政府及有关部门应当按照方便群众、简化手续、提高效率的原则，依法及时予以办理。

第七章 监督管理

第七十五条 县级以上人民政府依法加强对防震减灾规划和地震应急预案的编制与实施、地震应急避难场所的设置与管理、地震灾害紧急救援队伍的培训、防震减灾知识宣传教育和地震应急救援演练等工作的监督检查。

县级以上人民政府有关部门应当加强对地震应急救援、地震灾后过渡性安置和恢复重建的物资的质量安全的监督检查。

第七十六条 县级以上人民政府建设、交通、铁路、水利、电力、地震等有关部门应当按照职责分工，加强对工程建设强制性标准、抗震设防要求执行情况和地震安全性评价工作的监督检查。

第七十七条 禁止侵占、截留、挪用地震应急救援、地震灾后过渡性安置和恢复重建的资金、物资。

县级以上人民政府有关部门对地震应急救援、地震灾后过渡性安置和恢复重建的资金、物资以及社会捐赠款物的使用情况，依法加强管理和监督，予以公布，并对资金、物资的筹集、分配、拨付、使用情况登记造册，建立健全档案。

第七十八条 地震灾区的地方人民政府应当定期公布地震应急救援、地震灾后过渡性安置和恢复重建的资金、物资以及社会捐赠款物的来源、数量、发放和使用情况，接受社会监督。

第七十九条 审计机关应当加强对地震应急救援、地震灾后过渡性安置和恢复重建的资金、物资的筹集、分配、拨付、使用的审计，并及时公布审计结果。

第八十条 监察机关应当加强对参与防震减灾工作的国家行政机关和法律、法规授权的具有管理公共事务职能的组织及其工作人员的监察。

第八十一条 任何单位和个人对防震减灾活动中的违法行为，有权进行举报。

接到举报的人民政府或者有关部门应当进行调查，依法处理，并为举报人保密。

第八章 法律责任

第八十二条 国务院地震工作主管部门、县级以上地方人民政府负责管理地震工作的部门或者机构，以及其他依照本法规定行使监督管理权的部门，不依法作出行政许可或者办理批准文件的，发现违法行为或者接到对违法行为的举报后不予查处的，或者有其他未依照本法规定履行职责的行为的，对直接负责的主管人员和其他直接责任人员，依法给予处分。

第八十三条 未按照法律、法规和国家有关标准进行地震监测台网建设的，由国务院地震工作主管部门或者县级以上地方人民政府负责管理地震工作的部门或者机构责令改正，采取相应的补救措施；对直接负责的主管人员和其他直接责任人员，依法给予处分。

第八十四条 违反本法规定，有下列行为之一的，由国务院地震工作主管部门或者县级以上地方人民政府负责管理地震工作的部门或者机构责令停止违法行为，恢复原状或者采取其他补救措施；造成损失的，依法承担赔偿责任：

（一）侵占、毁损、拆除或者擅自移动地震监测设施的；

（二）危害地震观测环境的；

（三）破坏典型地震遗址、遗迹的。

单位有前款所列违法行为，情节严重的，处二万元以上二十万元以下的罚款；个人有前款所列违法行为，情节严重的，处二千元以下的罚款。构成违反治安管理行为的，由公安机关依法给予处罚。

第八十五条 违反本法规定，未按照要求增建抗干扰设施或者新建地震监测设施的，由国务院地震工作主管部门或者县级以上地方人民政府负责管理地震工作的部门或者机构责令限期改正；逾期不改正的，处二万元以上二十万元以下的罚款；造成损失的，依法承担赔偿责任。

第八十六条 违反本法规定，外国的组织或者个人未经批准，在中华人民共和国领域和中华人民共和国管辖的其他海域从事地震监测活动的，由国务院地震工作主管部门责令停止违法行为，没收监测成果和监测设施，并处一万元以上十万元以下的罚款；情节严重的，并处十万元以上五十万元以下的罚款。

外国人有前款规定行为的，除依照前款规定处罚外，还应当依照外国人入境出境管理法律的规定缩短其在中华人民共和国停留的期限或者取消其在中华人民共和国居留的资格；情节严重的，限期出境或者驱逐出境。

第八十七条 未依法进行地震安全性评价，或者未按照地震安全性评价报告所确定的抗震设防要求进行抗震设防的，由国务院地震工作主管部门或者县级以上地方人民政府负责管理地震工作的部门或者机构责令限期改正；逾期不改正的，处三万元以上三十万元以下的罚款。

第八十八条 违反本法规定，向社会散布地震预测意见、地震预报意见及其评审结果，或者在地震灾后过渡性安置、地震灾后恢复重建中扰乱社会秩序，构成违反治安管理行为的，由公安机关依法给予处罚。

第八十九条 地震灾区的县级以上地方人民政府迟报、谎报、瞒报地震震情、灾情等信息的，由上级人民政府责令改正；对直接负责的主管人员和其他直接责任人员，依法给予处分。

第九十条 侵占、截留、挪用地震应急救援、地震灾后过渡性安置或者地震灾后恢复重建的资金、物资的，由财政部门、审计机关在各自职责范围内，责令改正，追回被侵占、截留、挪用的资金、物资；有违法所得的，没收违法所得；对单位给予警告或者通报批评；对直接负责的主管人员和其他直接责任人员，依法给予处分。

第九十一条 违反本法规定，构成犯罪的，依法追究刑事责任。

第九章 附 则

第九十二条 本法下列用语的含义：

（一）地震监测设施，是指用于地震信息检测、传输和处理的设备、仪器和装置以及配套的监测场地。

（二）地震观测环境，是指按照国家有关标准划定的保障地震监测设施不受干扰、能够正常发挥工作效能的空间范围。

（三）重大建设工程，是指对社会有重大价值或者有重大影响的工程。

（四）可能发生严重次生灾害的建设工程，是指受地震破坏后可能引发水灾、火灾、爆炸，或者剧毒、强腐蚀性、放射性物质大量泄漏，以及其他严重次生灾害的建设工程，包括水库大坝和贮油、贮气设施，贮存易燃易爆或者剧毒、强腐蚀性、放射性物质的设施，以及其他可能发生严重次生灾害的建设工程。

（五）地震烈度区划图，是指以地震烈度（以等级表示的地震影响强弱程度）为指标，将全国划分为不同抗震设防要求区域的图件。

（六）地震动参数区划图，是指以地震动参数（以加速度表示地震作用强弱程度）为指标，将全国划分为不同抗震设防要求区域的图件。

（七）地震小区划图，是指根据某一区域的具体场地条件，对该区域的抗震设防要求进行详细划分的图件。

第九十三条 本法自2009年5月1日起施行。

附录十二：地震行政执法依据汇总表

类别	制定机关	依据名称	施行日期	备注
法律	全国人大常委会	《中华人民共和国防震减灾法》	2009.05.01	
行政法规	国务院	《破坏性地震应急条例》	2011.01.08	
		《地震预报管理条例》	1998.12.17	
		《地震安全性评价管理条例》	2019.03.02	
		《地震监测管理条例》	2011.01.08	
		《汶川地震灾后恢复重建条例》	2008.06.08	
		《自然灾害救助条例》	2019.03.02	
地方性法规	北京市人大常委会	《北京市实施〈中华人民共和国防震减灾法〉规定》	2014.01.01	
	天津市人大常委会	《天津市防震减灾条例》	2011.08.01	
	河北省人大常委会	《河北省防震减灾条例》	2020.07.30	
		《河北省地震安全性评价管理条例》	2017.09.28	
	山西省人大常委会	《山西省防震减灾条例》	2019.05.30	
		《山西省建设工程抗震设防条例》	2019.05.30	
	内蒙古自治区人大常委会	《内蒙古自治区防震减灾条例》	2012.12.01	
	辽宁省人大常委会	《辽宁省防震减灾条例》	2011.06.01	

续表

类别	制定机关	依据名称	施行日期	备注
	吉林省人大常委会	《吉林省防震减灾条例》	2013.12.01	
	黑龙江省人大常委会	《黑龙江省防震减灾条例》	2018.06.28	
	上海市人大常委会	《上海市实施〈中华人民共和国防震减灾法〉办法》	2019.01.01	
	江苏省人大常委会	《江苏省防震减灾条例》	2017.07.01	
		《江苏省人民代表大会常务委员会关于加强地震观测环境保护的决定》	2010.11.01	
	浙江省人大常委会	《浙江省防震减灾条例》	2017.11.30	
	安徽省人大常委会	《安徽省防震减灾条例》	2012.10.01	
	福建省人大常委会	《福建省防震减灾条例》	2013.12.01	
	江西省人大常委会	《江西省防震减灾条例》	2018.07.27	
	山东省人大常委会	《山东省防震减灾条例》	2010.12.01	
		《山东省地震监测设施与地震观测环境保护条例》	2008.08.01	
		《山东省建设工程抗震设防条例》	2020.07.24	
	河南省人大常委会	《河南省实施〈地震安全性评价管理条例〉办法》	2008.12.01	
	湖北省人大常委会	《湖北省防震减灾条例》	2011.12.01	
	湖南省人大常委会	《湖南省实施〈中华人民共和国防震减灾法〉办法》	2018.07.19	

续表

类别	制定机关	依据名称	施行日期	备注
	广东省人大常委会	《广东省防震减灾条例》	2017. 11. 01	
	广西壮族自治区人大常委会	《广西壮族自治区防震减灾条例》	2018. 09. 30	
	海南省人大常委会	《海南省防震减灾条例》	2007. 07. 01	
	重庆市人大常委会	《重庆市防震减灾条例》	2011. 01. 01	
	四川省人大常委会	《四川省防震减灾条例》	2012. 10. 01	
		《四川省人民代表大会常务委员会关于加强农村村民住宅抗震设防管理的决定》	2010. 7. 24	
	贵州省人大常委会	《贵州省防震减灾条例》	2018. 01. 01	
	云南省人大常委会	《云南省防震减灾条例》	2018. 11. 29	
		《云南省建设工程抗震设防管理条例》	2018. 11. 29	
	西藏自治区人大常委会	《西藏自治区实施〈中华人民共和国防震减灾法〉办法》	2013. 01. 01	
	陕西省人大常委会	《陕西省防震减灾条例》	2019. 07. 31	
	甘肃省人大常委会	《甘肃省防震减灾条例》	2011. 10. 01	
		《甘肃省地震安全性评价管理条例》	2008. 01. 01	
	青海省人大常委会	《青海省防震减灾条例》	2015. 12. 01	
		《青海省地震安全性评价管理条例》	2018. 03. 30	

续表

类别	制定机关	依据名称	施行日期	备注
	宁夏回族自治区人大常委会	《宁夏回族自治区防震减灾条例》	2013.07.01	
	新疆维吾尔自治区人大常委会	《新疆维吾尔自治区实施〈中华人民共和国防震减灾法〉办法》	2013.03.01	

图书在版编目（CIP）数据

地震行政执法指南 / 石玉成主编 . —北京：中国法制出版社，2021. 3
ISBN 978 -7 -5216 -1625 -5

Ⅰ. ①地…　Ⅱ. ①石…　Ⅲ. ①地震 - 行政执法 - 中国 - 指南　Ⅳ. ①D922. 14 -62

中国版本图书馆 CIP 数据核字（2021）第 019272 号

责任编辑：李宏伟　秦智贤　　　　封面设计：杨鑫宇

地震行政执法指南
DIZHEN XINGZHENG ZHIFA ZHINAN

编者/石玉成
经销/新华书店
印刷/三河市紫恒印装有限公司
开本/880 毫米 ×1230 毫米　32 开　　　印张/ 6. 25　字数/ 98 千
版次/2021 年 3 月第 1 版　　　2021 年 3 月第 1 次印刷

中国法制出版社出版
书号 ISBN 978 -7 -5216 -1625 -5　　　定价：30. 00 元

北京西单横二条 2 号
邮政编码 100031　　　传真：010 -66031119
网址：http：//www. zgfzs. com　　　**编辑部电话：010 -66065921**
市场营销部电话：010 -66033393　　　**邮购部电话：010 -66033288**

（如有印装质量问题，请与本社印务部联系调换。电话：010 -66032926）